高科技企业
创新管理

何潮俊 董明娟 陈伟俊 何婉诗 / 著

企业管理出版社
ENTERPRISE MANAGEMENT PUBLISHING HOUSE

图书在版编目（CIP）数据

高科技企业创新管理 / 何潮俊等著. —北京：企业管理出版社，2024.1
ISBN 978-7-5164-2911-2

Ⅰ. ①高… Ⅱ. ①何… Ⅲ. ①高技术产业—企业管理—技术革新 Ⅳ. ① F276.44

中国国家版本馆 CIP 数据核字（2023）第 182828 号

书　　名：	高科技企业创新管理
书　　号：	ISBN 978-7-5164-2911-2
作　　者：	何潮俊　董明娟　陈伟俊　何婉诗
责任编辑：	李雪松
出版发行：	企业管理出版社
经　　销：	新华书店
地　　址：	北京市海淀区紫竹院南路 17 号　　邮　编：100048
网　　址：	http://www.emph.cn　　电子信箱：emph001@163.com
电　　话：	编辑部（010）68701638　　发行部（010）68701816
印　　刷：	北京亿友创新科技发展有限公司
版　　次：	2024 年 1 月第 1 版
印　　次：	2024 年 1 月第 1 次印刷
开　　本：	710mm×1000mm　1/16
印　　张：	14
字　　数：	154 千字
定　　价：	68.00 元

版权所有　翻印必究　·　印装有误　负责调换

Innovation Management of
High-tech Enterprises

序

在全球经济下行压力明显加大的背景下,提升企业科技实力和创新能力,既是创新型国家建设的现实需要,也是推动高新技术企业实现经济效益最大化的发展之道。近年来,高新技术企业作为技术创新活动的主体,在促进企业平稳健康发展、提升人民生活水平、增强国家的综合实力等方面发挥着不可或缺的作用。然而,高新技术企业的创新活动投入高、回报慢,单纯依靠高新技术企业自身的发展会导致研发投入不足、研发积极性弱、研发效率低等问题。在此背景下,为了支持高新技术企业健康可持续发展,需要政府加大宏观调控的力度,如增加政府补贴和加大税收优惠。有效发挥不同政策在资源配置中的作用,对我国高新技术企业提升企业绩效和实现高质量增长具有重要的理论意义和现实意义。

基于此,本书围绕在政府支持下,高新技术企业在进行技术创新与提升企业绩效过程中存在的问题展开研究。第一,政府补贴、税收优惠与企业绩效之间的关系。政府政策的制定比较单一、政策实施效果不尽如人意,政府在支持高新技术企业发展等方面仍有待深入探索。第二,政府补贴、税收优惠与研发强度之间的关系。技术创新活动具有外部性和高风险性等特点,会抑制企业创新活动的积极性。而通过政府补贴、税收优惠可以提升企业研发意愿、增加研发强度，进而有利于激励企业的创新活动。第三，在企业研发质量的调节作用下，政府补贴和税收优惠对企业绩效和创新绩效的作用机理。在大多情况下，企业无法吸引外部资本资源，导致出现"资源缺口"和更低的生存可能性，而政府补贴作为政府发挥宏观调控作用的财政工具，能够弥补企业研发资金的不足。税收优惠对企业绩效的作用机理是怎样的？由于技术创新活动的成本高、风险大，需要通过政府政策干预促进市场资源合理配置，增强企业创新活动的积极性和主动性，而税收优惠可以降低企业研发成本，促进研发资源投入，从而提升企业综合绩效。第四，在不同的企业类型和企业规模下，政府补贴和税收优惠政策对企业绩效的作用具有差异性。我国不同类型的企业具有不同的经营理念和社会责任意识：非国有企业以经济效益为主；国有企业则承担更多的社会责任。政策导向在不同类型和规模的企业间实施产生的效果不同，对其综合绩效的影响不同。

  本书采用文献研究法、理论归纳法、实证分析法、案例研究法来实现研究目的。本书的研究过程如下。首先，运用文献研究法查阅相关管理学理论和本书变量的文献资料，整理政府补贴、税收优惠、研发强度和企业绩效的概念与类别研究，归纳总结出各个变量的测度划分和变量维度关系；在管理学理论和变量文献分析的基础上，本书提出变量间关系的假设，通过假设汇总，以研发强度为中介变量，将被解释变量——政府补贴和税收优惠，以及结果变量——企业创新和经营绩效统一纳入研究模型，沿着政策导向—研发强度—企业绩效的逻辑思路，构建研究模型。其次，根据文献分析构建指标体系，收集

2017—2021年沪深上市A股高新技术企业数据，包含政府补贴、税收优惠、研发强度、企业绩效样本特征的数据。再次，分析样本数据的企业性质、企业所属行业、企业经营年限、企业员工人数、企业资产总额的情况，通过回归分析，实证检验政府补贴、税收优惠、研发强度、企业绩效之间的关系，由此判断本书的研究假设全部成立。最后，通过案例分析进一步验证实证结果的准确性。

本书的研究结果如下。第一，政府补贴为企业研发创新提供资金支持，有利于企业综合绩效的提升。第二，税收优惠政策为企业研发创新降低成本，有助于企业综合绩效的提升。第三，政府补贴、税收优惠政策能够促进企业增加研发经费投入和研发人员投入，有助于企业综合绩效的提升。第四，在研发质量的调节作用下，政府补贴、税收优惠可以提高创新效率，从而提升企业综合绩效。第五，政策导向对国有企业和非国有企业提升企业综合绩效方面存在差异性。政府竞争性补贴、政府普惠性补贴和税费减免对国有企业综合绩效的提升效果更显著，税率优惠对非国有企业综合绩效的提升效果更显著。第六，政策导向对不同规模企业综合绩效的影响存在差异性。政府竞争性补贴和普惠性补贴对规模较大企业提升综合绩效的效果更显著，税费优惠政策的作用在不同规模企业之间差异性不大。

针对以上的结论，本书分别从政府、金融机构和高新技术企业三个角度为高新技术企业提高绩效提出建议：从政府层面来说，政府要完善政策环境，落实精准、科学、高效的政策导向作用，要充分发挥政府补贴和税收优惠政策的激励作用，加大政策导向的精准性和时效性；从金融市场层面来说，金融机构要实现普惠、透明、创新的投融资机制，发展和完善金融政策支持体系进而解决融资难问题，要构建信息透明、规则完善的投融资平台，形成与高新技术产业创新合作模式，提升整个高新技术行业的运行效率；从高新技术企业层面来说，高新技术企业要形成可持续、高效率、产学研融合的企业科技创新管理模式，不仅要提高政府补贴的使用效率，充分发挥政府补贴的纾困功能，也要充分发挥技术创新的引领作用，提高创新成果转化能力。

Innovation Management of
High-tech Enterprises

目 录

1　第一章　绪论

第一节　研究背景 ………………………………………… 4

第二节　研究问题 ………………………………………… 10

第三节　研究目标 ………………………………………… 15

第四节　研究意义 ………………………………………… 17

第五节　前提假设与研究的局限性 ……………………… 19

第六节　研究范围 ………………………………………… 22

第七节　结构框架 ………………………………………… 24

第八节　研究创新点 ……………………………………… 26

29　第二章　文献综述与理论基础

第一节　相关理论研究 …………………………………… 30

第二节　企业绩效研究 …………………………………… 37

第三节　政府补贴研究 …………………………………… 47

第四节　税收优惠研究 …………………………………… 59

第五节 研发强度研究 ·· 67
第六节 影响与作用机制研究 ·· 77

89 | 第三章 理论机制与研究假设

第一节 研究内容 ·· 90
第二节 研究假设 ·· 99
第三节 研究方法 ·· 108

113 | 第四章 政策导向、研发活动与企业绩效

第一节 研究设计 ·· 114
第二节 政策导向对企业综合绩效影响 ······························ 118
第三节 稳健性检验 ·· 123
第四节 研发活动作用机制检验 ······································ 130
第五节 异质性分析 ·· 140

149 | 第五章 案例分析研究

第一节 案例简介 ·· 150
第二节 企业经营状况 ·· 153
第三节 政策导向及其实施效果 ······································ 162

169 第六章 结论、启示及建议

第一节 结论 …………………………………………… 171

第二节 启示 …………………………………………… 175

第三节 建议 …………………………………………… 180

第四节 对后续研究的建议 …………………………… 184

187 参考文献

Innovation Management of High-tech Enterprises

| 第一章 |

绪 论

高新技术的发展水平体现着国家对技术创新的重视程度，高新技术企业为推动经济发展、促进社会进步提供了重要的驱动力。随着高新技术企业的快速发展，高科技产业化的步伐日益加快，但在产业化、聚集化的过程中研发投入动力不足、资金短缺等问题逐渐成为高新技术企业发展的障碍。为激励和支持高新技术企业的发展，政府出台了多项政策扶持相关企业。然而，政府采取的政策措施对高新技术企业能否起到显著作用、政策效果是否最大化，在理论界和实践中仍没有一致的观点。在政府政策支持和企业可持续发展的背景下，政府补贴和税收优惠对企业绩效的影响已经成为高新技术企业关注的重点，因此本书主要研究高新技术企业在实现高质量发展的过程中，在技术创新的作用下，政府补贴和税收优惠分别对企业绩效产生的影响。

本书研究的目的是：梳理政府补贴、税收优惠与研发强度、企业绩效之间的关系；探索在技术创新的作用下，政府补贴、税收优惠对企业绩效的作用机理。

本书的研究意义在于：在政府支持下，普惠性政府补贴和竞争性政府补贴的具体战略举措在理论上丰富了政府干预、技术创新、信息传递等理论；政府能够通过税收优惠政策、政府采购政策、金融支持政策提升高新技术企业的技术创新水平，进而提高企业绩效并实现企业高质量发展。

本书采用文献研究法、理论分析法、实证研究法、案例研究法研究沪深上市 A 股高新技术企业政府补贴、政策导向、技术创新和企业绩效之间的关系。首先，运用文献研究法查阅相关理论和相关文献资料，对政府补贴、政策导向、技术创新和企业绩效的定义、测度、相关关系进行文献整理，以此了解变量的定义及其演化过程，归纳总结现有研究对各个变量的测度划分及变量间的关系；根据整理研究所涉及的相关理论，提出研究假设并构建指标体系。其次，根据指标体系，运用统计法收集各高新技术企业关于政府补贴、政策导向、技术创新与企业绩效四个变量的相关数据。再次，通过实证分析法分析样本数据，论证研究假设的准确性，由此判断研究假设全部成立。最后，对文献研究法、统计法、实证分析法得出的结论进行总结，并且针对本书结论从高新技术企业技术创新水平的提升、政府政策支持的影响、政府补贴实施的影响、政府支持与技术创新的重要性四个层面提出对政府、金融市场和企业的建议。

本书的研究结果表明如下。第一，政府补贴有利于企业综合绩效的提升。第二，税收优惠政策有助于企业综合绩效的提升。第三，政府补贴、税收优惠可以通过研发强度影响高新技术企业综合绩效的提升。第四，在研发质量调节作用下，政策导向的政府补贴、税收优惠可提升企业综合绩效。第五，国有企业主要通过政府补贴促进企业经营绩效提升，税费减免对国有企业综合绩效的提升效果更显著，税率优惠对非国有企业综合绩效的提升效果更显著。第六，政策导向对不同规模企业综合绩效提升的影响存在差异性。政府竞争性补贴和普惠性补贴对规模较大企业综合绩效的提升效果更显著，税费优惠政策的作用在不同规模企业之间差异性不大。

针对以上的结论，本书分别从政府、金融机构和高新技术企业三个角度为高新技术企业提高绩效提出建议：要充分发挥政府补贴和税收优惠政策的激励作用，加大政策导向的精准性和时效性；金融机构要发展和完善金融政策支持体系进而解决融资难问题，要构建信息透明、规则完善的投融资平台，形成与高新技术产业创新合作模式，提升整个高新技术行业的运行效率；高新技术企业不仅要提高政府补贴的使用效率，充分发挥政府补贴的纾困功能，也要充分发挥技术创新的引领作用，加强创新成果转化能力。

第一节　研究背景

高新技术企业对创新型国家建设具有重要的推动作用，其不仅为国家提升整体经济实力和创新水平提供重要基础，也为新时期的社会进步提供重要保障。只有把握高科技发展的机遇，才能在日益激烈的国际竞争和新的经济形势中占据主动地位。近年来，政府通过采取一揽子政策措施，如政府补贴、税收优惠、金融支持等，激发高新技术企业的创新活力，以此提升企业的研发投入强度，支持高新技术企业的高质量发展，进而实现企业绩效的提高。在这样的大背景下，我国高新技术企业要努力投身到高质量发展过程中。

一、宏观经济背景

随着全球化进程的不断推进和新一代信息技术的蓬勃发展，各国高度重视高新技术企业的发展，重点布局高新技术产业，为促进本国的综合实力和国际竞争力提供重要保障。美国、德国等发达国家提出了"再工业化""工业 4.0"等战略，以激发高新技术企业的积极性。党的十八大以来，我国的经济社会发展步入新时期、新阶段，国家明确指出以创新驱动引领高新技术产业发展，而高新技术企业是国家技术创新水平的重要体现，作为技术研发和创新产出的主要载体，其对经济社会发展、人民生活幸福起到关键的作用。中央和地方政府也出台了一系列政策扶持高新技术企业，为高新技术企业发展提供方向指引，为建设科技强国提供重要基础。

近年来，在中央和各地政府的大力支持下，我国高新技术企业实现了飞速发展，高新技术企业的数量和质量都得到了大幅提升，研发投入强度和创新产出指数不断增长，为经济社会的数字化转型、产业结构升级起到了引领作用。2010—2020 年，我国高新技术企业数量不断增加，如图 1-1 所示。

（万家）

图 1-1 2010—2020 年我国高新技术企业数量

在企业数量逐年增加的同时，我国高新技术企业的营业收入、工业总产值及净利润也呈上升的趋势。2010—2019 年，我国高新技术企业的经营指标如图 1-2 所示。

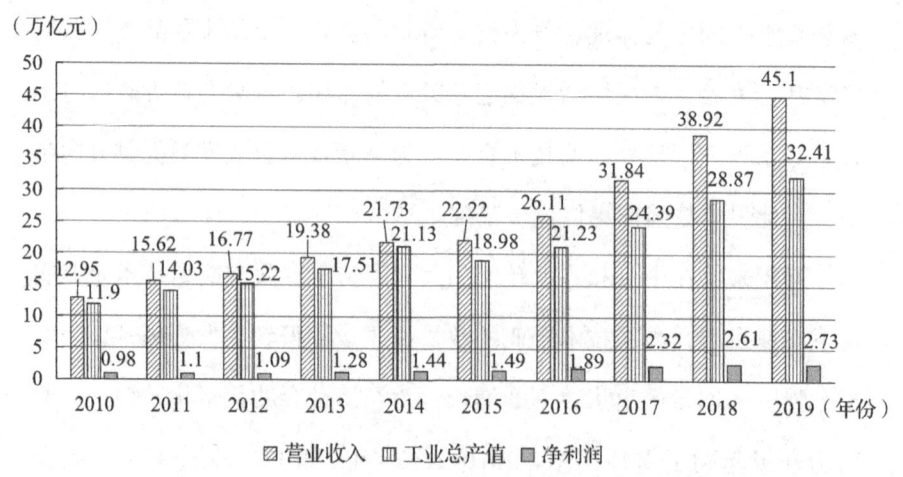

图 1-2 2010—2019 年我国高新技术企业的经营指标

在高新技术企业数量和经营指标逐年上涨的同时，由于高新技术企业在技术研发和创新产品生产过程中，存在研发资金投入高、成果产出周期长、研发风险大、不确定因素多等问题，导致高新技术企业出现了资金需求量大、研发成本费用高、创新动力不足、创新积极性弱等问题。此时，除了对高新技术企业提出更高要求，也需要政府运用相关的政策调控工具，积极发挥"有形之手"的作用，对高新技术企业的健康平稳发展发挥引导和带动作用。因此，研究政府支持度能否有效影响高新技术企业发展、政府政策通过什么路径影响高新技术企业发展逐渐成为学术界的研究热点。

二、宏观政策环境

作为全球最大的新兴经济体，高新技术企业的发展对我国的经济社会、人民生活及国家综合实力起到关键的作用，中央和地方各级政府先后出台了一系列指导方针和具体政策（见表1-1），全面支持企业进行技术创新活动。例如，2016年，中共中央、国务院发布的《国家创新驱动发展战略纲要》明确指出支持企业创新活动，为相关企业制定了一套较为完善的政策支持体系，为企业进行研发创新活动提供激励机制，为建设科技强国提供重要指引。主要的政策措施包括以下几个方面：①政府补贴；②税收优惠；③政府采购；④金融支持；⑤人才支持等。

表1-1 中央和地方出台的政策

时间	政策	相关内容
1978年	《1978—1985年全国科学技术发展规划纲要》	规定由国家对资金要求较高、尚处于研发初期的项目给予补贴
1981年	《财政部关于对新产品实行减税免税照顾问题的通知》	包括直接优惠（免征、减征、优惠税率等）及间接优惠（研发费用加计扣除、固定资产加速折旧、投资抵免等）

续表

时间	政策	相关内容
2002年	《中华人民共和国政府采购法》	规定政府采购应该对"保护环境、扶持不发达地区和少数民族地区、促进中小企业发展"等发挥其积极作用
2005年	《科技型中小企业技术创新基金财务管理暂行办法》	对科技型中小企业提供无偿资助
2006年	《国家中长期科学和技术发展规划纲要（2006—2020年）》及《实施〈国家中长期科学和技术发展规划纲要（2006—2020年）〉的若干配套政策》	正式提出要将政府采购政策作为激励企业自主创新的重要工具
2016年	《"十三五"国家科技创新规划》	建立"创业苗圃+孵化器+加速器+产业园区"的一体化科技服务体系
2018年	《关于推动民营企业创新发展的指导意见》	相关部门要以项目资助、后补助、社会资本和政府合作等形式支持企业创新发展
2018年	《国务院关于推动创新创业高质量发展打造"双创"升级版的意见》	减税降费，加大财政支出力度
2019年	《上海市张江科学城专项发展资金支持创新创业环境建设实施细则》	扶持研发创新与成果应用，对符合标准的项目给予实际支出的50%的支持
2020年	《关于提升大众创业万众创新示范基地带动作用，进一步促改革稳就业强动能的实施意见》	落实创业企业纾困政策，强化双创复工达产服务，增强协同创新发展合力
2021年	《提升中小企业竞争力若干措施》	加快培育一批创新型中小企业，通过政策导向激发企业提升创新活力、形成良好的创新生态活力
2022年	《企业技术创新能力提升行动方案（2022—2023年）》	推动普惠创新政策有效落地，建立常态化创新机制，引导企业技术创新活动核心攻关

资料来源：笔者根据网络公开资料整理而成。

其中，政府补贴是政府对企业创新予以直接资金支持的行为，包括财政拨款、财政贴息、无偿划拨非货币性资产、专利申请资助经费、科技创新支持基金、技术改造专项基金等。随着我国政府对技术创新重视程度的逐渐提高，在企业研发经费支出中，政府资金总额逐年增长。截至2021年，我国科学研究与试验发展（Research and Development，R&D）经费支出中政府资金达到了3007.1亿元，如图1-3所示。

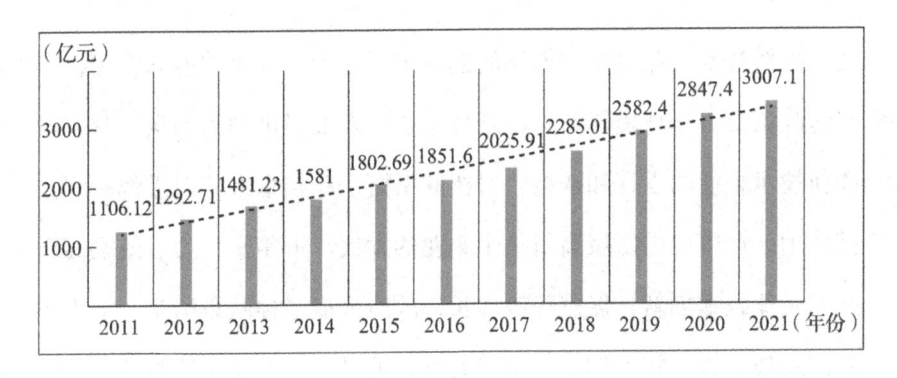

图1-3 2011—2021年我国R&D经费支出中的政府资金

税收优惠能够为企业减轻纳税负担，主要作用于创新过程中的技术研发、成果转化、产品生产、销售等多个环节。根据国家税务总局公布的数据，在研发费用加计扣除等政策的作用下，2020年，我国重点税源企业的研发支出同比增长13.1%，33万家享受该项政策的企业中，高技术服务和设备的购买总额同比增长15.8%。即在税收优惠政策的指导下，企业创新取得了良好的发展势头。

我国对于政府采购激励创新的认识是一个从无到有并逐渐加深的

过程。1995年开启试点工作，2000年在全国全面展开。自此，政府采购的政策功能逐渐受到了重视，并且作为一种激励企业创新的政策工具开始发挥重要作用。我国政府采购规模逐年增长，在经济发展和创新推进中的作用日益突出。

第二节 研究问题

高新技术企业对国家整体的创新水平起到了重要的推动作用，良好的政策及市场环境能够为高新技术企业发展提供动力源泉。政府对高新技术企业的重视和扶持，对招商引资、高技术人才引进都起到关键作用，可以促进区域高新技术企业的发展。近年来，为了鼓励高新技术企业技术创新，促进经济增长，政府采取多种政策措施，加大了对高新技术企业技术创新的支持力度。但是，目前相关政策的支持效果并不明显，政府的政策制定与实施及我国高新技术企业的发展仍存在一些问题。

在政府补贴层面，社会各界对于政府是否应该给予企业财政补贴，以及补贴能否真正促进高新技术企业的发展等问题仍有争议。尽管关于是否应当保留政府补贴的早期争论主要集中于对上市公司的补贴和对国有企业的补贴上，但这些争议还是对高新技术企业政府补贴政策的实施产生了一定程度的影响。特别是现实中存在一系列现象，如获得政府补贴的高新技术企业并不都能获得较好的发展、不同类型的政府补贴在促进高新技术企业发展上的作用并不一致，使政府机构和学者不得不重新审视现阶段高新技术企业政府补贴的成效和可能存在的问题。也就是说，政府补贴是否一定能促进高新技术企业的发展？如果是，政府补贴应当是普惠性的还是竞争性的？这两种类型的政府补贴对高新技术企业的影响是否存在差异？如果存在，存在怎样的差异？应该给予哪些类型或具有哪些特征的高新技术企业政府补贴，才能充分发挥政府补贴的成效？而这些问题的解决与否，是回应高新技术企业政府补贴是否应该存在，以及深入揭示政府补贴对高新技术企业发展的作用机理的根本。

在税收优惠层面，由于政府决策层远离技术前沿，造成资助项目的选择偏差，使政府扶持效率不高，政府政策如税收优惠支持企业技术创新效率大幅降低。其主要是由税收优惠激励政策体系不完善、激励政策的监督机制不健全、激励政策运用不科学、激励政策与激励对象不匹配等造成的，税收优惠政策缺乏针对性，没有为真正需要政策支持的企业降低研发成本，提升研发创新的绩效。另外，政府政策的实施效果参差不齐，骗取税收优惠、骗取政府补贴等乱象层出不穷，部分地方政府的政策执行与落实能力不强，导致政策的正向积极作用不强、引导与激励效果差、刺激企业创新效力甚微，政府政策支持也逐渐呈现空心化，税收优惠政策没有真正落到实处，没有取得实际成效，没能最大程度地提升企业研发创新的积极性，导致企业生产效率低下。

在技术创新层面，高新技术企业是体现一国技术创新水平的重要代表，企业的创新活动影响国家创新的发展。然而，在高新技术企业的创新活动中，市场机制时有失灵，新产品及服务等很可能被模仿者以较低的成本，通过模仿、复制将同类产品投放市场，影响企业的预期收益，导致高新技术企业的创新动力不足。此外，创新具有高风险、高成本及收益不确定性等问题，而且企业与外部投资者之间的信息不对称影响外部投资者的投资决策，使企业陷入融资困境，创新资金不足，影响高新技术企业创新行为。因此，需要政府通过一系列政策措施对高新技术企业创新予以支持。

从目前的情况来看，国内高新技术企业界已经深刻认识到政府补贴和税收优惠在企业发展中的重要作用，但是企业却没有足够重视政府补贴和税收优惠的影响过程。相比之下，虽然理论界出现了针对政府补贴和税收优惠的理论观点，但是缺乏在政府支持和技术创新双重背景下的企业绩效研究。在不同政府政策支持方式下，如何运用理论指导我国高新技术企业开展经营活动并进行技术创新，已成为我国高新技术企业实现高质量发展和提升企业绩效的重点。

因此，本书以我国高新技术企业为研究对象，主要围绕"在全球产业结构调整、国内发展转型的背景下，我国高新技术企业如何在政府支持下开展技术创新活动并促进创新成果转化进而提升企业绩效？"这一核心问题展开，具体要解决四个问题。

一、政府补贴、税收优惠与企业绩效之间的关系

政府补贴作为宏观调控的重要工具和手段，在经济社会发展和企

业成长过程中具有重要的推动作用。当前,我国经济正处于结构调整的关键时期,政府补贴作为一种无偿转移支付,能够直接或间接地推动经济结构调整、加速产业结构的转型升级、激发中小企业的创新活力。因此,需要研究政府补贴与企业绩效之间的关系。

改革开放以来,我国经济体制改革取得了显著成效,但与成熟的市场经济体制相比仍有一定的差距,这使高新技术企业在发展过程中仍然面临着许多制度性障碍。近年来尽管政府在提升高新技术企业绩效上下了不少功夫,"五证合一"、税收减免、政府采购、金融支持等一系列相关政策的颁布,彰显了政府构建适合高新技术企业生存和发展的良性外部环境的坚定决心。但是,政府政策的制定比较单一、实施效果较差,在政府支持高新技术企业发展等方面仍有许多需要深入探索的地方。因此,需要研究政策导向与企业绩效之间的关系。

二、政府补贴、税收优惠与研发强度之间的关系

与普通的市场活动不同,技术创新活动的研发投入资金需求量大、研发风险高、外部影响因素多,这些特点在某种程度上会导致技术创新的市场失灵,抑制企业进行技术研发和创新活动的积极性和主动性。而政府补贴作为一种无偿转移支付,有利于激励企业进行技术创新活动。因此,需要研究政府补贴与技术创新研发强度之间的关系。

在众多政府支持企业技术创新的政策工具中,探索税收优惠、政府采购、金融支持在创新过程中究竟发挥了挤入效应还是挤出效应显得尤为重要,能够为政府制定差异化政策提供有益参考。因此,需要

研究政策导向与技术创新研发强度之间的关系。

三、在研发质量的调节作用下，政府补贴、税收优惠对企业绩效的作用机理

高新技术企业通常具有较高的颠覆性、突破式创新等特点，为了保持增长和创新产出，高新技术企业需要大量的研发投入，才能将技术创新转化为产品。然而，在许多情况下，企业无法吸引外部资本资源，导致了"资源缺口"和更低的生存可能性。而政府补贴作为政府发挥宏观调控作用的一种直接或间接的方式，能够在一定程度上弥补企业研发资金不足的问题，提升企业进行技术创新的信心，并通过一系列创新成果的产出提高企业绩效。因此，需要研究在研发质量的调节作用下，政府补贴、税收优惠对企业绩效的作用机理。

四、不同的企业类型和企业规模，政府补贴、税收优惠对企业绩效作用的差异性

前期研究发现，即使充分发挥市场"无形之手"的作用，也达不到最优的资源配置。因此，大多学者认为需要将"有形之手"和"无形之手"结合起来，即充分发挥政府和市场的双重作用，相互补充，相互促进，使资源配置达到最优，促进经济社会的协调发展，增强企业从事技术创新活动的积极性和主动性，从而提升企业绩效。因此，需要研究在技术创新的作用下，政府补贴和税收优惠对不同类型及不同规模企业综合绩效作用的差异性。

第三节 研究目标

本书主要从政府补贴和税收优惠两个方面分析政府支持度对企业绩效的影响。国内外学者针对政府支持已经取得了一系列富有价值的研究成果,对政府支持的相关理论探讨也已经成熟,但缺少从政府补贴和税收优惠的角度研究政府支持度对企业绩效的影响,无法为我国相关科技政策的制定和高新技术企业的发展提供建议。为此,本书通过理论分析和实证研究相结合的方法,深入分析政府补贴、税收优惠和企业绩效之间的作用机理,并在此基础上,为我国高新技术企业在技术创新过程中如何提升企业绩效提供路径和策略建议。

一、梳理出政府补贴、税收优惠与企业绩效之间的关系

本书将解释变量确定为政府补贴和税收优惠政策两个维度,将企业绩效划分为创新绩效和经营绩效两个维度。一方面,通过分析政府补贴与创新绩效、经营绩效的关系,梳理出政府补贴与企业绩效之间的关系;另一方面,通过分析税收优惠政策与创新绩效、经营绩效的关系,梳理出税收政策与企业绩效之间的关系。

二、梳理出政府补贴、税收优惠与研发强度之间的关系

从政府补贴、税收优惠政策两个角度分析解释变量——政策导向，从研发经费投入和研发人力投入两个角度分析中介变量——研发强度。一方面，通过分析政府补贴与研发经费投入、研发人力投入的关系，梳理出政府补贴与研发强度之间的关系；另一方面，通过分析税收优惠政策与研发经费投入能力、研发人力投入能力的关系，梳理出政策导向与研发强度之间的关系。

三、探索以研发强度为中介变量，政府补贴和税收优惠对企业绩效的作用机理

从研发经费投入和研发人力投入两个角度分析中介变量——研发强度，解释变量——政府补贴，从创新绩效和企业经济绩效两个角度分析被解释变量——企业绩效。一方面，以研发经费投入能力为中介变量，分析政府补贴、税收优惠和创新绩效的关系，政府补贴和经营绩效的关系；另一方面，以创新研发人员投入为中介变量，分析政府补贴、税收优惠和创新绩效的关系，政府补贴和经营绩效的关系。通过以上的分析思路，探索出在研发强度的作用下，政府补贴对企业绩效的作用机理。

四、探索以研发质量为调节变量，政府补贴、税收优惠对企业绩效的作用机理

本书以企业研发质量为调节变量，从政府补贴和税收优惠两个角

度分析解释变量——政策导向，从综合绩效角度分析被解释变量——企业绩效。一方面，在企业研发质量的调节作用下，分析政府补贴政策和创新绩效的关系；另一方面，以研发质量为调节变量，分析税收优惠政策和创新绩效的关系、税收优惠政策和经营绩效的关系。通过以上的分析思路，探索出在研发质量的调节作用下，政府补贴、税收优惠对企业绩效的作用机理。

第四节 研究意义

本书的研究意义主要分为理论意义和应用价值两个方面。

一、理论意义

第一，进一步丰富和深化了政府支持度对企业绩效影响的相关研究。目前的相关研究大多围绕不同政策形式的支持效果及不同情境中的作用差异，但主要研究单一政策的实施效果，如仅研究税收优惠政策对企业绩效的影响，而事实上政府支持包括多种政策形式。本书将政府支持度划分成政府补贴和税收优惠两个解释变量，从政府补贴、税收优惠政策的视角出发，研究政府支持度对企业绩效的影响，以及政府补贴、税收优惠、研发强度与企业绩效的关系，进一步深化政府支持的相关研究，丰富了政府支持度、技术创新对企业绩效影响的理论研究。

第二，丰富和完善了政府支持推动企业技术创新的机制研究。部分研究发现，政府支持促使企业增加研发投入，而研发投入的增加有利于提高创新绩效。本书将技术创新分为研发投入和创新产出两个维度，在一定程度上拓展了相关研究，为政府支持企业创新研究提供了新的视角。

第三，分别为管理学理论研究与管理实务创造了价值。一方面，在一定程度上拓展了相关研究，丰富了资源理论、政府干预理论和信息传递理论的内容。另一方面，有助于强化高新技术企业提高政策导向的意识、加强技术创新能力，帮助企业的利益相关者获取最大程度的利益。

二、应用价值

第一，在企业层面。本书研究了政府支持及其作用机制，发现政府补贴政策、税收优惠政策、政府采购政策、金融支持政策对企业绩效的影响不同，能够为企业管理者获取、整合和利用政府政策支持这种稀缺外部资源提供启示，企业应顺应经济政策方向、优化战略决策，成为政府资源的优先选择对象。同时，本书发现技术创新在政府支持与企业绩效的关系中起到中介作用，企业得到政府支持后，可以增加研发投入，进而提高企业绩效，这对企业技术创新的发展路径及发展方式提供了一定的参考。

第二，在政府层面。本书从政府支持视角深入分析其实施效果，发现不同的政府支持方式在不同情境中的效果不同，并根据研究结论提出了政策建议，这为政府合理制定、科学调整科技政策提供了理论依据，为政府部门优化科技政策、提高科技政策实施效率、克服"政府失灵"现象提供了重要借鉴。

第三，在国家发展层面。政策的不断完善、企业创新参与度及效率的逐渐提高，有利于践行国家创新驱动发展战略，提升国家的创新能力及国际综合竞争力。

第五节 前提假设与研究的局限性

本节主要对本书的前提假设和研究局限性进行阐述，介绍在调查研究、理论分析和变量选取三个方面存在的不足，为后续进行更加全面的研究指明方向。

一、前提假设

首先，企业战略管理的资源理论认为单纯依靠市场自发的力量，尤其是在不完善的市场机制下，很难摆脱资源依赖对技术创新的锁定，政府补贴能够为高新技术企业提供更多有利的要素资源，以及重新对资源进行更为有效的配置，能使高新技术企业加大技术创新资源投入的强度。政府补贴既能帮助高新技术企业增强技术创新信心，也能帮助企业实现更好的发展，进而提升企业绩效。

其次，政府干预理论认为，市场中存在的自然垄断、外部性、公共产品、信息不对称等因素会导致市场失灵，进而使自由竞争的市场运行不能达到帕累托最优，因而要求政府通过政策来修正市场失灵。例如，政府补贴可以通过有效识别、精确表达，以及成功整合个体需要，增强政企之间的匹配程度，有效缓解信息不对称导致的市场失灵，以及不同主体间缺乏互动导致的系统失灵问题。

最后，高新技术企业在技术创新过程中保密性较强，使投资者较难对研发项目进行科学合理的研判并及时做出投资决策。此外，创新项目存在资金投入量大、研发周期长、产出效率低等特点，导致投资者的投资动力不足。基于信号传递理论，政府的政策支持能够给企业提供积极的信号，为投资者决策提供信息支撑，增强投资者的信息研判能力，有利于企业得到更多的外部创新资源，并使企业有更强的技术创新信心，为提升企业绩效提供重要保障。因此，研发强度在政府补贴影响企业绩效的过程中起到一定的中介作用。

综上所述，本书基于资源理论、政府干预理论和信息传递理论，构思政府补贴和税收优惠—研发强度—企业绩效的路径，构建解释变量——政府补贴和税收优惠、中介变量——研发强度、被解释变量——企业绩效的研究模型。

二、研究局限性

本书主要基于沪深上市 A 股高新技术企业所获得的政府支持对其绩效的影响而展开，通过构建政府补贴和税收优惠—研发强度—企业绩效的研究模型，进一步分析各个变量间的内在关系和政府补贴对高新技术企业绩效影响的内在机制。本书具有一定的现实意义和理论意义，但是限于笔者的水平及研究的条件，仍存在一些研究不足，需要未来做进一步分析和探讨。

1. 调查研究方面

首先，在现有研究中，对政府补贴具体细化的数据相对缺乏，政府补贴的内容还有待丰富。其次，数据主要涉及政府补贴、税收优惠、企业绩效和研发强度等方面的专业知识，可能会由于指标数据的内涵和外延不够丰富，而造成实证结果的测量结果有偏差，不能准确地反映高新技术企业的实际发展情况。最后，根据数据可得性，本书采用的是沪深上市A股高新技术企业数据，在企业文化、企业规模、企业制度等方面存在差异，不能代表全国各行各业的情况，实证结果的普适性存在局限。

2. 理论分析方面

在分析政府支持度对企业绩效的影响逻辑动因时，有个别动因理论和相关概念的解释还不够深入。政府补贴、政策导向、企业绩效和技术创新等文献的归纳梳理还不够全面，对政府干预、信息传递、技术创新等理论的理解还有待进一步深入，分析的逻辑性还有待加强。

3. 变量选取方面

在研究政府支持度对企业绩效影响的过程中，以政府补贴和税收优惠两个因素为解释变量，事实上还有一些变量也会对整个模型产生影响。本书只选取上述两个因素当作解释变量，在一定程度上会影响模型的拟合度和研究结论的准确性。此外，尽管研发强度起到中介传导作用，但政府支持度对企业绩效影响的其他路径有待进一步探索。例如，政府支持、激励企业在技术创新过程中通过调整发展战略、优化环境等实现企业绩效的提高；政府支持企业投入创新，而在创新过程中很可能实现相关技术的边缘拓展，即创新范围的延伸，实现创新技术外溢，进而提高企业绩效，未来的研究可从这些方面进行探索，使模型更加完善，研究结论更具有说服力。

第六节　研究范围

一、理论范畴

从宏观层面来看，高新技术企业肩负着科技创新的重大使命，在促进经济增长、推动产业结构升级和提升人民福祉等方面发挥着重要作用。为激发高新技术企业的创新活力，提升高新技术企业的积极性和主动性，中央和各级地方政府打出了一套组合拳，出台了一揽子扶持政策，支持高新技术企业进行技术创新。本书所设立的政府补贴和税收优惠两个解释变量是政府支持领域的重要理论内容，通过政府支持，防止市场失灵，推动高新技术企业加大研发投入力度。而中介变量研发强度及企业绩效更多地涉及资源理论范畴，技术创新过程伴随着高风险、高投入、长周期等特点，政府支持有利于企业获得更多外部要素资源，增强技术创新信心。此外，本书运用资源依赖理论、资源基础观、技术创新理论、信号传递理论等,丰富了理论范畴。

二、应用边界

首先,基于高新技术企业发展现状,以政府补贴和税收优惠为研究变量,探究政府支持度对企业绩效的影响,力图解决政府部门对政策出台的影响把握不准、政策效用缺乏协调机制、政策制定实施不到位等相关问题;其次,对于高新技术企业来说,近年来,随着国家对高新技术产业的日益重视及现代科技水平的不断提升,高新技术企业和技术创新水平得到了迅速发展,但我国的高新技术企业还存在技术创新投入不足、创新转化效率低下、研发资金匮乏、企业融资渠道单一等问题。本书的实证研究结果可为我国高新技术企业在政府的财政资金及相关政策支持下,如何强化技术创新力度进而提高企业绩效提供参考依据和建议。

三、研究对象

本书在高新技术企业目前的发展前景和现状引导下,以沪深上市A股高新技术企业为研究对象。首先,沿着"政府补贴和税收优惠—研发强度—企业绩效"的逻辑思路构建理论模型,提出了政府补贴是否对企业绩效有影响、政策导向与技术创新是否对企业绩效有影响、政府补贴与政策导向是否对技术创新有影响、研发强度是否起到中介作用等问题。其次,通过文献梳理并基于相关理论提出研究假说,构建变量之间的概念模型。再次,借鉴国内外学者的成熟指标体系,对沪深上市 A 股高新技术企业实施调查。最后，应用 STATA 软件对样本数据进行实证检验，进而分析本书的研究假设是否成立。

第七节 结构框架

本书的框架结构如图 1-4 所示。

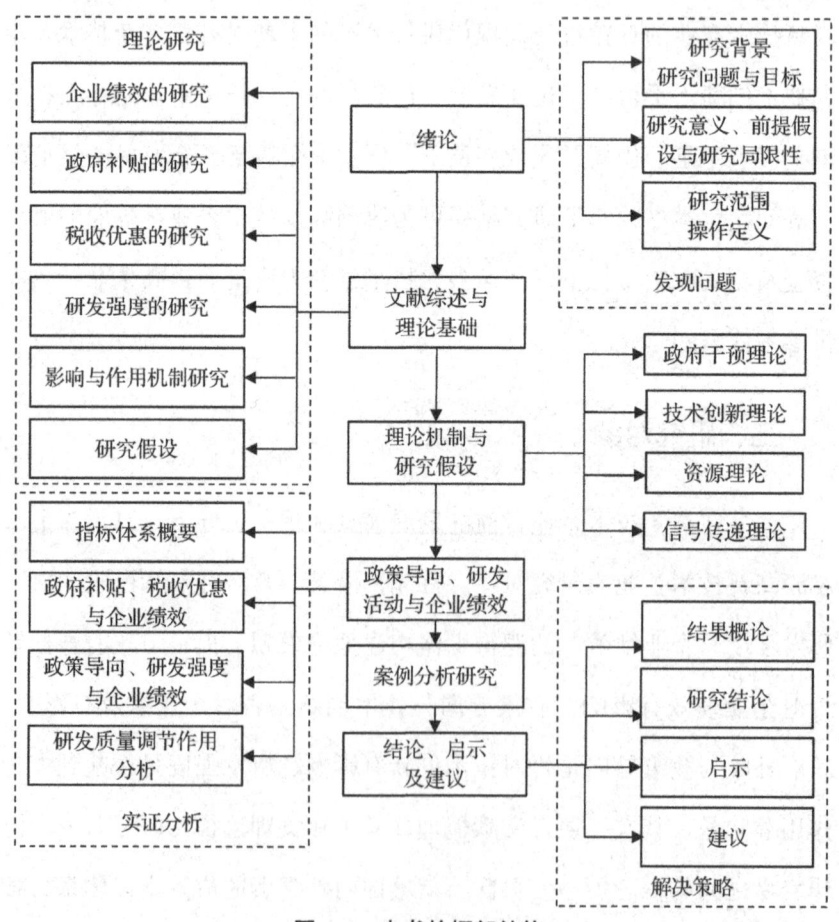

图 1-4 本书的框架结构

第一章，绪论。首先，阐明了高新技术企业及政府政策实施的相关背景，指出高新技术产业在政治、经济、社会和技术方面的机遇与现状。其次，对研究问题、研究目的、研究意义、研究范围和相关的名词进行阐述。最后，根据全文内容为本书设计框架结构。

第二章，文献综述与理论基础。本章结合国内外文献资料，对政府补贴、税收优惠、研发强度、企业绩效等现有相关文献资料进行汇总整理，明确相关理论的主要研究内容，通过文献研究，在已有研究理论的基础上提出研究假设，确定未来可能的研究方向，为后文的理论模型和实证分析打下基础。

第三章，理论机制与研究假设。本章主要介绍了管理学理论模型，包含政府干预、技术创新、资源、信号传递等理论，根据相关理论机制结合本书的研究问题和研究目标，设计相应指标体系，提出假设模型并确定相应的研究方法。

第四章，政策导向、研发活动与企业绩效。基于第三章的理论机制和模型进行实证研究与分析。主要包括描述性统计分析、基准回归、稳健性检验及相应的中介效应和异质性分析等。最后，基于基准回归得出的实证结果，分析研发强度在政策导向对企业创新的作用机制，并对企业异质性进行分析。对实证结果进行总结，制定可行的策略并提出相关建议。

第五章，案例分析研究。通过对高新兴科技集团、云舟生物企业、广州乐庚信息科技有限公司的分析，进一步研究政府补贴和税费政策对企业综合绩效的影响。

第六章，结论、启示及建议。归纳总结本书得出的研究结论，并在政府、金融机构和高新技术企业三个层面，提出了高新技术企业在政府和金融市场支持下未来发展需要注意的事项，以及相应的发展措施和政策建议。最后提出本书研究存在的不足与需要改进的方向，并对后续的发展研究提出建议。

第八节　研究创新点

本书的创新点如下。

第一，丰富了政策导向支撑企业综合绩效提升领域的研究。本书基于政策导向组合视角，将政策导向分为政府补贴和税收优惠两个维度，研究其对企业创新绩效和经营绩效的影响，得出的研究结论丰富和拓展了政策导向与企业创新绩效的相关研究。目前，政策措施与创新绩效的关系大多围绕单一方面进行研究，较少考虑企业不同维度的企业绩效，关于政策导向组合对高新技术企业多方面绩效的研究较少。现阶段在多维度宏观政策背景的支持下，高新技术企业绩效是体现在多方面的，本书基于政策组合协同发展的视角，研究了科技创新政策效应，更加全面客观地分析政策组合实施的现状问题，并针对性地提出了相应的对策建议。本书基于政策导向组合的视角，以政府补贴、税收优惠为研究对象，研究其对企业创新的产品和服务数量及经营绩效的影响，为相关研究做出有效补充。

第二，探索政策导向对企业综合绩效的作用机制和调节作用。基于技术创新理论的中介效应——调节效应，构建政策导向组合刺激企业做出增加研发强度，进而提高企业综合绩效的反应模型，拓展了技术创新理论的应用。目前，政策导向与研发强度之间作用机制的相关研究较少，运用该理论提出的创新政策在研发强度的系统作用下提高企业创新效率是本书的一个新的贡献。在研究理论的基础上，本书构建了"政策导向—研发强度—创新绩效"的研究框架，提出政策导向组合影响企业综合绩效的直接效应和中介效应，并通过实证模型对该框架进行检验，为激励企业增加科技创新研发的人力和财力投入提出了政策指导建议，为提高企业创新的数量与质量，进一步对其中的作用机制进行了理论和实践的探索。

第三，考虑政府政策导向、研发强度对企业绩效影响的企业间差异性，丰富和深化了国有企业和非国有企业基于自身特性的政策作用效果。现有研究提出政策支持能有效促使企业增加研发强度，从而提升企业绩效。但目前较少考虑政策导向在不同企业类型之间实施的差异性，国有企业更注重政策导向，创新意愿比其他类型的企业强；非国有企业更注重经营绩效，面对高风险、高投入的科技创新活动，选择的经营理念与国有企业存在差异。在此背景下，分析政策导向在不同类型企业之间的实施效果，以及对不同类型企业研发强度的影响，使对企业绩效影响差异性的研究更有价值，进一步丰富和完善了政策支持企业创新的差异性研究，使本书的层次鲜明丰富，内容更加充实。

本章小结

本章主要介绍本书的研究背景、研究问题、研究目标、研究意义和研究范围等。

首先，分析高新技术企业所处的政治、经济、社会与技术环境，还涉及了近年来国内外高新技术企业的基本状况、国内外关于科技政策制定及实施情况。针对目前高新技术企业研发动力不足、效率低下等问题，政府通过采取一揽子政策措施，如政府补贴、税收优惠、金融支持等，大力激发高新技术企业的创新活力，以便提升企业的研发投入强度，支持高新技术企业的高质量发展，进而实现企业绩效的提高。

其次，阐述研究问题。沿着"政府补贴与税收优惠—研发强度—企业绩效"的逻辑思路，分析政府支持度对企业绩效影响的相关问题，探究政策组合对企业综合绩效的影响，以及研发强度在其中的中介作用。深入分析政府补贴、税收优惠和企业绩效之间的作用机理，进一步丰富和深化了政府支持度对企业绩效影响的相关研究。在此基础上，为我国高新技术企业在技术创新过程中如何提升企业绩效提供路径和策略建议。

最后，在基本理论的基础上做出相关的名词解释。本书研究高新技术企业在发展中所获得的政府支持度对企业绩效的影响及其在发展过程中所存在的问题和动因，从而促进我国高新技术企业更好发展，实现社会综合利益最大化。主要涉及的概念有高新技术企业、政府补贴、税收优惠、研发强度、企业绩效。此外，构建了本书的基本框架，使本书的整体框架更加清晰，思路轨迹合理，研究结论更具有说服力。

Innovation Management of High-tech Enterprises

| 第二章 |

文献综述与理论基础

本章主要对现有的企业政府补贴、税收优惠、研发强度、企业绩效等相关文献资料进行汇总整理，明确相关理论的主要研究内容及未来可能的研究方向，并对本书的研究内容进行了充分说明。此外，对本书的相关假设进行思考和结论汇总，为后文实证分析提供理论基础。

第一节　相关理论研究

在对政府补贴、政策导向、技术创新、企业绩效等文献资料进行汇总整理的基础上，本节主要介绍资源理论、政府干预理论、技术创新理论及信号传递理论。

一、资源理论

（一）资源依赖理论

资源依赖理论（Resource Dependence Theory，RDT）是管理学理论的重要组成部分，Pfeffer 和 Salancik（1978）认为，组织的依赖程度受到资源重要程度、资源稀缺程度、是否存在替代性资源三个因素的影响。多数学者指出，资源依赖理论有以下几个观点：①一个组织不可能具备自身所需的全部资源，在组织活动中需要获取外部资源弥补资源缺口；②组织所能获取的外部资源，依赖于周围环境；③在周围环境中可能存在大量其他组织；④所需的外部资源可能存在于其他组织中；⑤虽然各个组织是独立的个体，但彼此相互依赖；⑥资源能够在一定程度上决定组织权力的大小；⑦组织 A 对组织 B 权力的大小取决于组织 B 对组织 A 的资源依赖程度。因此，资源依赖理论成立的基础在于，任何组织都不可能拥有完备的资源，部分关键资源可能存在于其他组织中，组织需要通过资源的不断交换以满足自身的资源需求，促进组织的发展与进步。

（二）资源基础理论

资源基础观（Resource Based View，RBV）将企业视为资源束，并在资源、能力和竞争优势之间建立逻辑关系，因此资源成为实现竞争优势的基础（Grant，1991）。美国经济学家 Penrose（1959）在《企业成长理论》（*The Theory of the Growth of the Firm*）一书中指出，企业成长的动力来自内部资源，从此开启了资源基础观的先河。Wernerfelt（1984）认为，资源是一个非常广泛的概念，从此正式奠定了资源基础观的基础，但没有实际建立资源基础理论，即何谓优势资源、如何判别及如何获取资源等。作为资源基础观的先驱，Penrose 等（2002）指出，企业资源之间的联系是至关重要的，借此企业通过创新和有效的资源管理创造经济价值，企业及其资源是竞争优势的主要来源。根据资源基础理论的观点，公司之所以有利润，是因为公司从稀缺资源的市场中获得了额外的收入（Grant，1991）。

企业拥有的资源越适合企业，企业就越能获得竞争优势（Wernerfelt，1984）。企业之间的差异源于每个企业拥有的资源和能力的差异（Barney，1991），如企业家精神。有价值的和稀有的资源所创造的优势可以持续很长一段时间，在一定程度上，企业能够防止模仿、转移或替代资源。

对于高新技术企业而言，技术创新是增强企业发展潜力和提高企业绩效的关键因素。当高新技术企业具有异质性竞争优势时，其在市场上的表现会优于其他企业，且更受外部资金的喜爱。相应地，高新技术企业获得补贴后也更愿意将资源用于创新，从而更好地发挥政府补贴对高新技术企业绩效的驱动作用。

二、政府干预理论

政府干预是指政府直接干预公共活动或私人利益的一种行为。如果市场"失败"，政府干预往往可以作为取代市场来调节经济和维持正常经济秩序的关键机制。在市场失灵时，如果政府不能及时地采取干预措施，将导致市场失灵状况的持续与蔓延，最终致使政府运转出现失灵。政府干预理论最早源于资本主义国家，随着市场化程度不断加深，市场自发调节机制在经济发展中的问题也不断地显现出来。随后，许多资本主义国家的政府在宏观经济调控、经济活动管理及市场活动调控中发挥着重要的作用。

然而，亚当·斯密认为，政府的干预不利于市场的自发调节。他在《国富论》中提到，市场的可能性应该得到最大限度的利用，在经济活动中政府干预将导致市场的作用减弱，不利于资源配置最优化。然而，经济危机的爆发反映出市场机制的资源配置功能在某些领域是无法充分展现的。随后，凯恩斯提出了政府干预政策。但是，在政府实施干预措施后，通货膨胀、失业率上升等现象并没有得到解决，经济发展仍然不景气，政府面临着多重未能解决的危机。

如上所述，政府对经济的影响结果并不是有效的。然而，新自由主义政府对金融市场监管的干预表明，政府干预的有机结合同样能帮助经济秩序的发展，无论是在协调经济秩序方面还是在经济稳定方面，都起着协同的维护作用。当市场失灵成为司空见惯的现象时，即可以通过政府补助来限制和规范市场的行为。政府干预达不到预期效果并不是政府不履行其职责的借口，相反，它证实了适当的监管和政府干预，可以帮助市场机制朝着有序的方向发展。然而，如果政府干预的力度超过了维持市场机制正常运行的需要并表现出强烈的随意性和独裁性，可能会导致过度干预而降低市场经济的效率。

三、技术创新理论

创新理论自20世纪初被熊彼特提出以来，西方学者不断对其进行完善，已经成为企业发展和政策制定不可或缺的参考。熊彼特的经济理论，不再是以分析经济变量的数量变化来解释经济的增长，而是尝试从另一个角度，即技术进步和制度变革角度来解释经济的增长。熊彼特之后的技术创新理论主要分为三个阶段：一是以诺贝尔经济学奖获得者索洛为代表的在柯布—道格拉斯生产函数的基础上，提出把技术进步作为变量来解释经济的增长，构建新的生产函数方程，并且这一理论在对美国私营非农业经济的劳动生产率的实证研究中得到了验证；二是以罗默为代表的将知识积累视作促进经济增长的主要因素，他和索洛的工作使人们对经济增长的途径有了新的认识，但如何结合技术进步与知识积累才能够最大限度地促进经济增长，这一思考推动了制度创新的出现；三是以曼斯菲尔德为代表的技术扩散研究，这一阶段不再仅仅着眼于单一企业上，而是考虑既成的技术创新成果如何在企业间扩散，实现经济的增长。至此，熊彼特创新理论中的技术创新理论已趋于完善。英国经济学家弗里曼在熊彼特创新理论的基础上，提出了国家创新理论，从国家层面上对技术创新进行了解释。其后经过伦德尔等的不断发展，国家创新理论成为一个以技术创新为主，并包含制度创新和组织创新的完整系统。

　　技术创新是经济增长的重要推动力。Czarnitzki 等（2007）认为，由于知识和资本约束会导致市场不完善，政府研发补贴可以减少市场的无效性。其通过对外国生产商进行分析发现，政府补贴能够增加公司的科研投入，因为政府补贴能够降低公司单独进行科研可能导致的成本风险。换句话说，政府补贴可以在技术进步中产生"溢出效应"。同时，也有其他学者认为，政府补贴的效果并不一定是理想的、完全正面的，同样可能出现"挤出效应"。Wallsten（2000）研究了美国中小公司的创新研究计划，发现公司的科研投入并不一定会因为政府给予的支持而得到相应的增加。斯科特也将美国小公司创新研究计划作为研究对象，发现因为政府补贴资金常常不能到位，私人资金也不会直接投入科研项目中，政府补贴的商品转化率比较低。

四、信号传递理论

20世纪70年代，美国经济学家Spence首次提出了信号传递理论，随后在组织管理等领域得到了广泛应用，组织在信息传递过程中有助于其他组织的信息接收，增强了不同组织之间的信息互动，从而有利于缓解信息不对称。

目前，信号传递理论的框架为：信号发出者—信号—信号接收者。信号发出者属于内部信息的掌控者，例如，企业的管理者可以获得外部人员难以得到的组织信息、产品信息甚至个人信息等。信号掌控者向外界发出信号，但信号不会局限于某一个发出源，会出现多个信号源并发出多个信号，这些信号或互相矛盾或相互支持（Connelly et al.，2011）。信号是由信号发出者发出的，可以反映企业或个人的组织能力、潜力的信息，这些信息一般具有难以模仿性、不可观察性及成本性。在信号传递理论的相关研究中，大多数学者将反映组织或个体优势的利好信息作为信号，但也有部分学者将组织或个体的不利信息作为信号展开研究。信号发出者发出信号，由信号接收者接收这一信号并做出反应。信号接收者指的是组织外部相关者或者个人，其难以得到组织或个人内部消息，因此只能依靠这些信号对其进行评估，然后根据评估结果做出反应。需要特别说明的是，信号接收者是可以从对信号评估做出反应中获得收益的人。

信号理论被广泛应用到金融市场、劳动力市场等领域，在技术创新相关研究中，也得到了一定的应用。创新能力是外部投资者评估企业价值的重要标准，但信息往往是不完全的，企业潜在的技术水平及技术创新能力无法被投资者直接观察到，企业拥有自身创新水平、创新能力等完全信息，但外部投资者不然。此外，与一般投资不同，创新投资在企业的创新活动中存在大量的保密信息，导致企业与投资者之间存在信息鸿沟，不利于投资者的决策，导致投资的不确定性和外部风险增加（Barth et al.，2013）。因此，企业需要通过可见的信号向潜在的外部投资者展示自身不可见的部分信息。

基于信号理论，政府的相关政策支持可以向外界提供企业实际质量的积极信号，使外部投资者加深对企业的了解，减轻双方的信息不对称。政府政策支持的信号传递主要途径如下。首先，政府政策支持需要经过严格的筛选，即"挑选赢家"，企业的创新能力、发展前景等情况突出才可能获得政策支持，而获得政策支持的企业是政府重点关注或扶持的对象，因此，得到政策支持是政府对企业创新能力、发展前景等的肯定。其次，企业获得政策支持后，政府会对项目的执行情况进行监督，规范和引导企业的创新活动。最后，政府政策支持释放多重信号，外部投资者获得这些积极信号后会给予企业更高的认可（Colombo & Croce，2013），降低信息不对称带来的融资不足问题，使企业创新资金得到进一步保障，增加企业的创新投入，提高创新绩效。

因此，基于信号理论，政府政策支持会释放企业良好的创新能力、发展前景等信号,吸引外部投资者及其他相关主体的关注,降低合作研发的成本,促使企业增加研发投入,保证创新进程。

第二节 企业绩效研究

在当今动态、复杂和难以预测的全球化经济中,取得良好的企业绩效已逐渐成为高新技术企业提高竞争能力和整体绩效的关键。因此,企业绩效成为目前管理研究的前沿热点。其中,高新技术企业绩效的影响因素,即如何提高高新技术企业绩效的议题是现有研究关注的焦点(黄攸立、陈如琳,2010)。

一、定义

通常意义上,企业绩效反映的是企业的经营结果。一直以来,企业绩效都是战略管理研究的焦点与热点,也是所有战略管理理论的出发点。然而,企业绩效是一个复杂而宽泛的概念,随着创新的内涵日益丰富,长期以来,对企业绩效的界定仍未达成统一的认识。Drucker 等(1993)将企业绩效理解为对企业经营能力的综合评价。还有部分学者对企业绩效的概念进行了相关论述,Schendel 和 Hofer(1979)认为,绩效是任何战略的实践验证,因此战略管理理论必须重视其体现方式。Ford 和 Schellenberg(1982)认为,应将企业绩效与企业的组织系统或结构因子进行相关性研究,才能下定论。

Geringer 和 Hebert（1989）指出，有关绩效的定义与测量主要集中于母公司在当地的盈利能力和成本有效性、对当地顾客服务的满意程度及母公司在资本市场上的表现。杨林、陈传明（2005）认为，绩效是指组织或个人为实现其既定目标而开展各种行为的有效产出。张翔（2012）基于国内外关于企业经营绩效评价的研究，并结合中国企业经营绩效评价的现状构建了一个较为合理的指标体系。魏泽龙等（2019）将企业绩效定义为企业在从事经营活动过程中获得销售利润的经济结果。

目前，大多数学者主要从结果、行为、能力三个视角对绩效进行定义。其中，从结果视角定义绩效比较直观，但存在许多难以直接量化的弊端，而行为及能力的视角可做有益补充。组织绩效无法形成一个科学明确的定义，只能根据理论模型来建构，并通过具体的测量来反映其潜在的构念特征（Steers，1975）。因此，绩效的界定和测量需要依据实际的研究内容、理论背景及模型中的因果关系来确定。

二、企业综合绩效的测度

企业经营绩效能够全面反映企业经营状况、工作效率等经济行为，因此本书选取企业绩效作为被解释变量，对企业绩效的测度、创新绩效与经营绩效的关系进行阐述。

（一）财务绩效指标

现有研究中关于企业财务绩效指标的衡量，常用到的指标主要有总资产收益率（Dess & Davis，1984；Robinson & Pearce，1988）、净资产收益率、销售利润率等。从企业绩效的角度来看，指标是随着经济的发展而不断扩展与完善的，从狭义的会计基础计量的指标，如杜邦分析体系、标准成本法等，到广义的会计基础与市场基础计量的指标，如经济增加值、市场增加值等（Acquaah & Yasai-Ardekani，2008）。但是，随着信息需求的不断增加，学者们发现企业的绩效除了要反映企业在一定时期内的价值创造外，还应该体现自身的营运效率、盈利能力及管理能力，即揭示企业绩效的因果关系。

Vernon（1971）对企业绩效的考评是基于销售回报率和资产净利润率。吴文武（2003）评价了企业开展国际化经营的绩效，认为应当与企业开展国际化经营的动机相结合。陈元荧（2004）认为，绩效的评价应当用既定目标完成的程度来衡量。谢军（2007）指出，衡量企业经营绩效时应综合运用财务绩效指标、能力绩效指标和市场绩效指标。杨忠和张骁（2009）采用问卷调查方法，以受访人对企业绩效的主观评价来衡量企业绩效。姜铸和李宁（2015）将企业绩效分为财务绩效、顾客绩效、学习与成长、内部营运四个维度，采用平衡计分卡来衡量制造业企业的绩效状况。江积海和沈艳（2016）利用资产收益率、总资产收益率、销售毛利率、销售净利率来反映制造业企业的经营绩效。

（二）非财务绩效指标

考虑到单纯的财务绩效指标本质上是客观的，而非财务绩效指标具有主观性，部分学者将财务与非财务指标结合起来测度企业绩效。

如 Kaplan 和 Norton（2001）采用平衡设分卡，从财务、顾客、企业内部经营流程、学习与成长几个方面来衡量企业绩效。Brouthers（2002）认为，财务指标有时并不能准确地反映真实情况，将财务指标与非财务指标相结合是测量企业绩效的较好方法，其中，可采用问卷调查的方式收集企业文化水平、企业在行业中的声誉等非财务指标。孟令鹏等（2023）认为，企业环境责任、企业财务绩效的关系存在区域差异，企业环境责任通过正向影响企业绿色创新而促进企业财务绩效的提高。

（三）创新绩效指标

企业的创新成果产出在一定程度上提高了产品的市场占有率，新产品、新服务的推广与应用能够有效地提升企业的市场绩效。Felin 和 Hesterly（2007）认为，企业在研发创新过程中，投入的人力、物力和财力越多，越有利于提升企业的技术研发与产品生产水平，加快新产品、新工艺的产出，为增强企业市场竞争能力和提升市场绩效提供重要基础。Meyer 等（2009）指出，技术创新是高新技术企业发展的根本所在，是提升企业市场绩效的关键因素。Bertrand（2021）认为，技术创新是保持企业竞争力与生命力的原动力，也是提升企业新产品研发成功率和市场份额的重要途径，有利于企业占据核心技术主导权，为提高企业市场绩效奠定良好的基础。肖静等（2023）认为，数字化转型对企业财务绩效和环境绩效均有显著的正向影响，对环境绩效的正向影响更强；吸收能力仅在数字化转型与企业财务绩效间发挥中介作用，但在数字化转型与企业环境绩效间没有发挥中介效应。

企业的创新活动是一个涉及生产经营各个环节且复杂的过程，涉及创新生产资料的投入、新产品的产出及市场推广等多个环节。目前，在研究过程中对创新绩效的评价主要有两种：一是创新投入产出效率值；二是涉及体现新产品产出的指标体系，即创新绩效。大部分学者选取体现创新绩效指标体系进行测度，一方面是从创新投入入手，另一方面是从创新产出入手，创新投入主要包括研发经费投入和研发人力资源投入，创新产出主要体现在产生新的产品和服务，如新产品销售收入和企业申请专利等。

（四）创新投入指标

大部分研究认为，研发投入的强度直接影响着企业创新的能力，将 R&D 投入作为影响企业创新绩效的量度指标。如肖兴志和王伊攀（2014）以研发经费投入来计量我国高技术企业的科技创新能力问题；翟淑萍和毕晓方（2016）将企业的研发经费投入分为资本化投入和费用化投入，资本化投入体现开发型的科技创新活动，费用化投入体现探索式科技创新活动。也有部分学者运用创新产出指标来表示创新绩效，如李培楠等（2014）选择企业的专利申请数量，Guan 和 Pang（2017）用新产品销售收入来表示企业创新绩效，Wang 和 Kafouros（2009）用新产品销售收入与销售收入总额的比值来测量企业创新绩效。企业创新绩效也体现在为企业带来的经济效益和科技效益，如向刚等（2011）从经济效益、环境效益、社会效益、创新效益四个方面综合评价创新绩效，刘学元等（2016）用技术创新分为创新产品和创新服务等六个指标衡量企业创新绩效，包含产品开发、生产、销售所占用的社会必要劳动时间等。

（五）创新效率

为了通过投入产出指标综合衡量创新绩效，部分学者运用投入产出的效率来衡量企业创新效率。企业创新绩效的提升不仅是衡量企业投入创新生产要素产出的新产品和服务，更多的是投入产出的比值，就是企业创新的效率，将科技创新投入变为有效产出。过多冗余的投入不能转化为有效产出会导致创新效率低，由此可见，创新效率在企业科技创新活动中尤为重要（樊琦和韩民春，2011）。计算企业创新效率主要有两种方法：一种是以计量经济学为基础的随机前沿参数方法，另一种是以数据包络分析为主的指数法为基础的非参数方法。通过多个投入和产出指标衡量企业创新效率值，在科技创新活动中，投入指标多采用科研经费投入、科研人员投入、科研固定资产投入，产出指标主要有新产品销售收入、申请专利数等（Gong, Wang, 2004）。梅建明和王琴（2012）将科技创新的人力和财力投入、经济效益和创新成果作为产出构建指标体系，运用数据包络法测算企业创新绩效。

三、研发活动与企业绩效关系的相关研究

（一）研发质量

技术创新是高新技术企业生产经营活动的重要组成部分，大多数

学者的研究都证实了技术创新对企业绩效的促进作用。Hu 等（2005）将 88 个工业企业作为研究对象，通过实证研究发现技术创新会促进企业生产效率，进而提高企业的营运能力。Warusawitharana（2008）发现，技术创新会对企业的生产运营产生正向作用，企业通过加大创新投入、开展创新活动等方式，在生产中的创新和产品上的创新都会促进企业盈利能力的提升。Savrul 和 Incekara（2015）认为，技术创新能力是将多种资源结合起来支持创新战略的综合组织属性，发现技术创新动态能力能够显著地提升新产品开发绩效。何平（2018）指出，创新投入能力、创新产出能力及创新环境保障能力能够有效提升企业研发质量。

（二）研发强度

部分国内学者对研发强度与企业绩效的关系进行了研究，辛冲和石春生（2008）对高技术制造企业进行研究时发现，企业开展技术创新活动能够显著提高企业的组织绩效。徐宁等（2014）研究表明，技术创新动态能力能够显著促进中小上市公司的价值创造，改善公司绩效，促进组织成长。胡畔、于渤（2017）指出，企业在技术追赶初期，通过扩展和重构内外部资源、调整运营惯例和组织常规改善了技术创新绩效。熊立等（2017）发现，动态创新能力积极影响创新绩效，但成功经验陷阱会抑制动态创新能力对创新绩效的影响。杜俊义等（2017）研究表明，技术创新动态能力的技术机会感知能力、创新资源整合能力、适应环境的变革能力三个维度正向影响研发绩效，创新资源整合能力和适应环境的变革能力正向影响产业化绩效。彭灿等（2018）将253家高新技术企业作为研究对象进行实证研究表明，突破性的创新能够使企业拥有核心竞争力，有效提高企业财务绩效。许伯桐（2018）实证研究发现，专利质量会通过影响企业的市场势力作用于经营绩效，且其对高新技术企业绩效的影响明显大于对传统产业的影响。王新红和聂亚倩（2019）研究发现，研发投入有助于企业绩效的提升，但在高新技术企业与非东部地区企业中，研发投入对企业绩效的提升作用不是很明显。岳金桂和于叶（2019）发现，技术创新动态能力能够显著改善技术商业化绩效。熊胜绪和李婷（2019）研究表明，技术创新动态能力的三个维度对研发绩效和新技术产业化绩效都有显著影响。郄海拓等（2020）发现，企业合理的研发强度可以通过降低资产负债率的负向影响起到提高企业绩效的作用。

四、企业绩效的影响因素研究

Khanna和Manna（2005）通过对高新技术企业在发展中国家和发达国家不同表现的相关研究，认为不同的制度体系导致了相同企业具有不同的盈利水平，从而证明技术创新对企业财务绩效有重要作用。Chan等（2008）将经济、政治和社会制度发展水平定义为制度发展指数，结果发现制度发展指数与高新技术企业的财务绩效呈倒U形关系。Reverte（2016）研究发现，企业社会责任对企业的创新和财务绩效都具有正向影响，并且创新在企业社会责任影响财务绩效的过程中起到一定的中介效应。张群等（2017）将信息技术公司作为研究对象，从生命周期理论的角度出发，研究了企业发展成熟度和研发投入、社会责任和财务绩效的关系，认为企业社会责任会促进财务绩效增长，企业研发投入与财务绩效之间存在不对称的倒"U"形关系。

还有部分学者对企业财务绩效进行了研究，王小鲁等（2009）研究表明，国家和地区的产权保护、法律环境、要素市场的发展程度等对企业行为有重要影响，企业的财务绩效与外部软环境关系密切。黄灿（2013）以民营上市公司为样本实证研究发现，政企关联可以显著改善企业的经营绩效，当企业主获得政治身份时，企业的财务绩效也随之提升。Carrasco 和 Buendia（2013）发现，企业在主动承担社会责任的过程中会形成新的创新机制，会促进企业加大研发投入提高创新能力，这些行为对企业财务绩效也存在一定的影响。刘玉焕和井润田（2014）实证分析了中美两国在完全不同的市场体制和技术创新下企业社会责任与财务绩效的关系，发现二者的关系与一国的市场化程度有很大关联，所以在美国企业的样本中二者的关系更强。郝潇（2014）以我国医药业上市公司为样本研究发现，企业内部制度的控制正向影响企业财务绩效。李稳稳（2019）认为，各种技术创新影响企业行为，导致不同技术创新下企业社会责任行为存在差异，而企业社会责任有助于提高企业声誉，改善与利益相关者的关系，最终提高企业财务绩效。刘婷婷（2019）基于资源配置的视角认为，产业政策对微观企业绩效会产生正向影响。豆士婷（2021）为企业创新构建了一套较为完善的政策支持体系和激励机制，包括直接补贴、税收优惠、知识产权保护、政府采购等，以期通过科技政策及其组合激励企业创新发展。

五、文献述评

综合以上的研究可以发现，关于企业绩效的探讨一直在不断丰富，相关的理论分析和实证分析十分充足，研究的角度也各有不同。通过上述的文献梳理与总结有如下发现。

第一，关于企业绩效的定义。多数学者主要从结果、行为和能力三个层面对企业绩效进行界定，本书的高新技术企业绩效是指企业在经营管理或技术创新的过程中资源消耗的最小化和产出价值的最大化，通过开发产品和提供服务，实现企业在财务上和市场上的经营绩效，以及在科技创新活动中的创新绩效。

第二，关于企业绩效的测量。尽管现有学者在企业绩效测量指标的选择上并未达成完全一致，但大多数学者已经开始重视研究目标与测量指标选择相匹配的重要性，且逐渐形成了财务指标和非财务指标相结合、成长性指标和即期性指标相结合，根据研究目的和情境选择客观性评价方法或主观性评价方法，以综合绩效为企业绩效测量标准的选择原则。

第三，关于研发活动与企业绩效关系的研究。尽管新熊彼特技术创新理论为变量间的影响机制提供了一定的理论支撑，但不同学者基于不同的理论视角提出了不同的观点，并得到了不同的甚至相反的研究结论，技术创新影响企业绩效的内在机制仍然存在进一步探索的潜在空间，未来研究需要更深入地探讨不同因素影响企业绩效的内在机理和复杂过程。

第四，关于政策导向对企业绩效影响的研究。现有关于企业绩效影响因素的研究主要关注金融发展、法律环境、要素市场的发展程度等技术创新对企业行为有重要影响，关于政策导向对企业绩效影响方面的研究局限于政府补贴和税收优惠单一指标设计，从研发专项补贴和税收优惠多维度构建指标还有待进一步突破。

第三节　政府补贴研究

本节将从政府补贴的定义、政府补贴的对象及类型、政府补贴的测度、政府补贴对企业研发投入的影响、政府补贴对经营绩效的影响，政府补贴对创新绩效的影响六个方面，梳理并归纳相关研究学者的文献资料，为后文的影响机制推导和实证分析奠定基础。

一、定义

目前，对政府补贴概念的论述，国内外学者还没有统一的标准。现有文献中关于"政府补贴"有多种称谓，如财政补贴、政府补助等，并且在同一文献中有交替使用的现象（Faccio et al., 2006）。虽然称谓略有差异，但由于其功能定位一致、数据来源一致，常常认为无本质差别。但是，政府补贴作为一种政策性工具，其在理论研究中的发展不同于政策实践。

Musgrave（1989）基于商品供给的研究认为，政府补贴是用以弥补公共产品及准公共产品的生产成本，并且补贴金额应随着产品的公共性而提高，该定义虽然指出了财政补贴的必要性，但没有区分财政补贴与财政支出。现有研究则认为，财政补贴只是财政支出的一部分，从广义上说，就是政府为了特定经济目标的实现而向微观主体进行的一种无偿性的转移性支付。其中，政府创新补贴也称为政府研发补助，是指中央政府或地方政府为激励企业开展创新活动而向企业提供的货币或非货币形式的支持，最早起源于Pigou（1943）纠正创新产品的正外部性所带来的市场失灵，而用于激励企业从事创新研究的政府支持。

国内学者则以孔东民等（2013）为代表，认为政府补贴是政府在某一特定时期为实现多种政治、经济和社会目标而向微观主体提供的无偿性转移支付，主要通过直接财政拨款、财政贴息、无偿划拨非货币性资产、股权投资、专利申请资助经费、科研项目所申请的财政补贴、科技创新支持基金、技术改造专项基金及其他各类形式的补贴方式将资金无偿转移给微观经济主体。政府补贴有助于实现企业发展、产业升级、经济增长等多重目标，是支持企业创新的"激励因素"（Guo et al., 2016；陆国庆等，2014），还有部分学者对政府补贴的概念进行了研究，唐清泉和罗党论（2007）认为，面向企业的政府补贴的具体形式可以分为财政拨款、税收优惠、财政贴息和无偿划拨非货币性资产四类。王红建等（2014）认为，政府补贴既是政府财政支出的一部分，又是直接干预市场的重要手段，客观上已成为推动中国产业调整的重要举措。陈红等（2019）认为，政府补贴包括企业获得的政府专项基金、专项计划、研发经费补贴等直接资金支持。

总的来说，国内外学者对政府补贴还没有统一的、标准化的定义。本书研究的"政府补贴"，既有来自中央政府支持的创新资助，也有来自地方政府扶持地方经济而给予的创新资助支出。从政府资助的对象来看，政府补贴主要包含两类：一是中央或地方政府直接向企业创新活动提供资金资助；二是中央或地方政府向公共研究部门（高等院校或是科研机构）进行的科研投入，但是，事实上，这类部门最终的成果转化也是通过企业进行转移，最终目的还是激励企业进行创新投资。由于这些分类中包含了很多混杂因素，会影响相应的评估结果，本书的研究聚焦于第一类，即仅关注政府支持企业创新活动而进行的资金支持，其资助对象也只关注于高新技术企业。

二、政府补贴的对象及类型

当前，面对日益激烈的市场竞争，政府补贴对企业的研发投入和技术创新活动至关重要，对提升企业绩效发挥着关键作用。首先，介绍政府补贴的对象及类型，主要从针对具体行为的政府补贴、针对具体行业或产业的政府补贴、针对具体企业的政府补贴三个方面进行归纳与阐述；其次，从构建虚拟变量、采用具体的政府补贴数值、问卷调查三个角度出发，梳理政府补贴的测度指标与方法；再次，阐述政府补贴对企业绩效是否具有相关关系；最后，从政府补贴与企业研发投入关系、政府补贴与企业创新产出关系两个方面阐述政府补贴对技术创新的影响及其关系研究。

现有研究将政府补贴对象及类型分为三类，如表 2-1 所示。

表 2-1 政府补贴对象及类型分类

对象	补贴类型	研究代表
针对具体行为的政府补贴	投资补贴	Colombo 等（2013）；Cerqua 和 Pellegrini（2014）
	研发补贴	Dimos 和 Pugh（2016）；毛其淋和许家云（2015）；陈玲和杨文辉（2016）；袁航和朱承亮（2020）
针对具体行业或产业的政府补贴	农业补贴	范黎波等（2012）；张翅（2020）
	林业补贴	吴柏海和曾以禹（2013）；王火根等（2020）
	新能源汽车产业补贴	周燕和潘遥（2019）；何正霞（2022）；彭频和何熙途（2021）；刘满芝等（2022）
	光伏产业补贴	李凤梅等（2017）；辜良杰（2019）；聂新伟和徐齐利（2019）；王宏伟等（2022）
	战略性新兴产业企业补贴	闫俊周等（2020）；黄文娣和李远（2022）
	高端装备制造业补贴	任曙明和吕镯（2014）；赵文等（2020）
针对具体企业的政府补贴	上市公司补贴	赵中华和鞠晓峰（2013）；王红建等（2014）
	IPO 公司补贴	王克敏等（2015）
	创业企业补贴	Amezcua 等（2013）；Soderblom 等（2015）；岳宇君等（2022）

不难发现，这些研究主要以成熟企业为样本（上市公司居多），大多聚焦于单一类型的政府扶持资金。尽管已有学者强调对比分析不同类型政府扶持资金差异化影响的重要性（江静，2011；柳光强，2016；张翅，2020），但少有研究对此进行深入探索。

基于现实问题观察，结合 Colombo 等（2013）、黄玮（2018）、黄菲菲（2021）等的相关研究，本书聚焦于高新技术企业的普惠性政府补贴（Non-selective Government Subsidy）和竞争性政府补贴（Selective Government Subsidy）。其中，普惠性政府补贴是指高新技术企业不需要经过专家评审，只需符合相关政策的基本条件就可获得的政府补贴，如房屋租赁补贴、企业落户的一次性补贴等，其主要目的在于激励高新技术企业的发展，缓解企业早期的资金困境；而竞争性政府补贴是指高新技术企业通过专家评审获得的具有竞争性的政府补贴，如科研项目经费、新专利成果的补贴等，通常是经过专家认证和审批再给予企业的政府补贴，其主要目的在于激发企业创新的积极性和主动性，弥补企业研发资金不足等问题。

三、政府补贴的测度

关于政府补贴的测度，在构建虚拟变量方面，Soderblom等（2015）、陈玲和杨文辉（2016）、Guo等（2016）采用二分类法构建虚拟变量来测量政府补贴，考察企业在某时间段内是否获得过补贴。构建虚拟变量的测量方法有一定的局限性，无法准确考察政府补贴强度的实际性影响。因此，另一部分学者建议在研究中使用具体的政府补贴数值。

在使用政府补贴数值方面，大多数学者在选用何种数值指标来测量政府补贴上存在差异，部分学者直接采用政府补贴数值来测量（傅利平和李永辉，2015；杨洋等，2015；佟爱琴和陈蔚，2016），部分学者采用政府补贴与其他财务指标的比重来测量，如政府补贴与营业收入的比值（唐清泉和罗党论，2007；范黎波等，2012），还有部分学者同时采用政府补贴数值、政府补贴占其他财务指标的比重对政府补贴进行测度（余明桂等，2010；赵中华和鞠晓峰，2013；肖兴志和王伊攀，2014）。

在问卷调查方面，Rodrigues等（2020）、黄世政等（2022）从直接和间接两个维度出发，采用李克特7点量表对政府补贴力度进行了问卷调查，测量题项包括技术资助、税收优惠、研发补贴、人才奖励等。

综上所述，对于政府补贴的测度方式主要有构建虚拟变量、采用具体的政府补贴数值和问卷调查三种。

四、政府补贴对企业研发强度的影响

在政府补贴与企业研发投入的关系研究方面，章元等（2018）认为，政府补贴是企业在特定时期的外部资金来源，能够有效激发企业技术创新的积极性，增强企业研发投入的信心，为企业研发过程的资金需求提供最直接的资源。Robinson（2004）发现，给予英国企业的政府补贴并没有发挥出任何成效，对企业创新活力与创新产出并无直接影响。

还有部分学者对政府补贴与企业研发投入的关系进行了研究，Mansfield（1986）将政府补助分为直接补助和税收优惠两类，发现它们均能刺激企业研发投入。González和Pazó（2008）对西班牙制造业进行了研究，发现政府补贴对中小制造企业的研发投入具有更强的诱导和激励效应，在降低中小企业技术创新风险和弥补创新成本方面发挥了无可替代的作用。白俊红和李婧（2011）认为，政府补贴可以激励企业增加研发支出且 R&D 资助效果与企业知识存量呈显著的正相关关系。刘玉洪（2020）发现，政府补贴显著提高了企业研发投入和创新产出，且对不同成长阶段的企业都有显著的影响，但影响因素及结果有差异化。胡兰丽（2021）指出，政府创新补贴能够有效地提升企业创新投入，增加研发强度。

五、政府补贴对研发质量的影响

Alecke 等（2012）发现，享受补贴的公司比未享受补贴的公司拥有更多的专利数量，即获得政府补贴的企业在专利数量方面更多。Jaffe 和 Le（2015）认为，政府补贴有利于激励企业进行技术创新活动，大幅降低了企业研发过程的费用成本，增强了企业的研发投入信心，直接刺激企业进行更多创新活动，在研发成功概率一定的情况下，增加了企业技术创新产出。周海涛和张振刚（2016）发现，政府补贴能够有效提升企业的创新投入强度，但政府补贴对企业的影响存在滞后效应。宋鹏（2019）发现，政府补贴在一定程度上有利于企业进行创新活动，当政府补贴跨过某个值时，两者之间的影响效应更强。此外，与其他企业相比，高新技术企业对于政府补贴的利用成效更高。邢斐和周泰云（2020）发现，政府补贴能够有效地弥补企业在研发过程中的资金不足，拓展企业的研发资金来源，增强企业创新意识，为企业创新水平的提升提供重要的驱动力。

部分学者还有其他方面的研究，Bérubé 和 Mohnen（2009）发现，同时获得政府税收减免和 R&D 补贴的企业明显比只获得税收减免的企业生产更多的新产品。Fornahl 等（2011）发现，政府补贴对联合研发项目的创新产出有显著的促进作用。刘继兵等（2015）采用光伏产业上市公司 2011 年的相关数据，对政府补助与企业创新之间的关系进行了研究，结果表明政府补助为企业创造了更丰厚的利润，为企业的研发资金提供了保障，提升了企业的研发积极性。Bronzini 和 Piselli（2016）发现，R&D 补贴对专利数量有显著的影响，并且这种影响在规模较小的企业更加明显。在企业的创新效率保持稳定的前提下，较高的研发投入能带来较高的创新产出。刘玉洪（2020）发现，政府补贴显著提高了企业的研发投入和创新产出，政府补贴对不同成长阶段的企业都有显著的影响，但影响因素及结果有差异。朱录（2020）提出，政府补贴政策调整力度越大，上市公司研发投入强度越高，获得授权的发明专利数量和发明专利的有效性越高，研发质量得到有效提升。

六、政府补贴对企业绩效的影响

在当今全球化竞争的世界经济环境中，多数学者认为政府补贴对企业绩效具有积极作用，获得政府补贴的企业可以获得多方面的知识，提高企业对资源有效配置的能力，创造更大的企业绩效。

在国外研究中，Mao 和 Xu（2018）认为，政府补贴是企业一项重要的外部创新资源。在政府补贴的支持下，企业通过建立和完善创新网络，对内外部环境中存在的具有创新性质的资源进行整理和组合，在这个过程中，企业的创新能力得到增强，企业绩效也相应地得到提升（Christensen，1995；Guan et al.，2006）。无论是在西方发达国家，还是发展中国家，政府补贴都能够直接或间接地对企业绩效产生影响，在新兴产业中两者之间的影响更为突出（Czarnitzki和 Ebersberger，2010）。Chen 等（2016）指出，政府补贴使企业能够直接获取资金，减少了因为寻求外部资金所造成的时间浪费，因而政府补贴在一定程度上有利于提高企业创新效率，从而提高企业发展质量。

在国内研究方面，尚洪涛和黄晓硕（2018）、高玉强和张宇（2019）发现，不同的政府补贴强度对企业绩效的作用效果会有所差异，但总体而言，两者之间呈正相关关系。李婉红等（2020）指出，政府对企业的补贴能在一定程度上满足企业研发投入、规模扩张的资金需求，提高企业的偿债能力。胡志勇等（2021）发现，在获得政府补贴后，农业企业的绩效和盈利能力有所提升。杨文珂等（2021）发现，绿色创新等补贴有助于企业资金短缺风险的降低和竞争优势的提升。巴曙松等（2013）发现，相对于研发投入而言，政府补贴对企业绩效的影响更显著。

现有研究对政府补贴与企业绩效的关系进行了广泛的探讨。从宏观层面来看，多数学者认为政府补贴是政府对宏观经济进行调控的重要工具，是防止市场失灵的有效手段，是充分发挥政府"有形之手"和弥补市场机制的关键举措。政府补贴在扶持初创企业、支持高新技术发展、激发企业技术创新活力等方面具有重要的积极作用（Brautzsch et al., 2015; Bronzini & Piselli, 2016; 王红建等, 2014; 胡艳, 2019）。

部分研究发现政府补贴有效提升企业绩效。从企业层面来看, 多数学者关于政府补贴是否能够有效提升企业绩效还存在不一致的观点, 尚未形成统一的研究结论。Amezcua 等（2013）、Soderblom 等（2015）认为, 政府补贴可以给公司带来各种好处, 特别是对那些有融资约束的初创公司。他们进一步发现, 获得政府补贴可以作为一个积极的信号, 吸引更多的人力和财力。张洋（2017）发现, 政府补贴将增加对产品升级的投资, 从而对中国企业的产品质量产生积极的影响。于潇宇和庄芹芹（2019）指出, 中国的政府补贴还处于较低水平, 对企业创新绩效的促进作用有较大的提升空间, 且政府补贴对规模较大的企业创新绩效的促进作用明显高于对规模较小的企业创新绩效的促进作用。黄菲菲（2021）认为, 政府补助对企业绩效的作用要从企业资源禀赋和政策设计的角度来看。

也有研究发现政府补贴对企业绩效作用效果不明显。王新红、聂亚倩（2019）发现, 政府补贴有助于提升企业绩效, 但在国有企业与非高新技术企业中, 其发挥的作用不明显。Teoh 等（1998）发现, 投资者可能会因为政府补助而对公司产生过高预期, 但随着分析师报告、公司财务报表及媒体新闻等信息披露的不断增多, 投资者会对公司价值进行重新估值, 从而造成公司市场业绩下降。Czarnitzki 等（2011）、郭晓丹等（2011）、韩超（2014）对战略性新兴产业进行了深入研究, 发现地方政府补贴有显著的扶持弱者的行为倾向, 没能直接促进企业绩效。邵敏和包群（2012）以工业企业为例, 认为政府补贴并不必然影响企业生产率。唐清泉和罗党论（2007）、赵中华和鞠晓峰（2013）发现，政府补贴没有增强上市公司经济效益，对新能源概念类公司业绩没有显著的影响。

还有研究发现政府补助对企业绩效存在负向影响。王克敏等（2015）发现，政府补助可能会扭曲公司正常生产活动，从而降低公司持续经营能力。Beason 和 Weinstein（1996）、Lee 和 Sung（2007）认为，由于在政府补助资源配置中存在的问题导致资源错配失配，从而抑制了企业盈利能力提升。任曙明和张静（2013）发现补贴会降低高端装备制造业企业的加成率。毛其淋和许家云（2015）认为，企业家可能从事寻租活动以获取政府补贴，因此，他们极有动力将资源投入寻租活动，而不是增加研发支出和提高运营效率。田笑丰和肖安娜（2012）、胡浩志和马悦（2019）指出，很多企业会通过寻租手段迎合政府要求，借此获得政府补贴，导致对于政府补贴的利用效率不高，甚至会诱导管理者产生自利行为，政府补贴非但不能产生其应有的作用，反而会影响企业的正常经营管理，甚至会导致企业的过度投资行为。陈昭和刘映曼（2019）认为，出于扭亏或保壳动机，盈余操纵至亏损状态的企业获得更多政府补贴导致边际价值下降，政府补贴将会抑制企业发展质量的提升。

综上所述，相关学者在政府补贴与企业绩效的关系研究中存在较大分歧。因此，本书有必要结合中国的现实情境，对普惠性政府补贴和竞争性政府补贴与组织层面的一系列影响变量进行深层次的探讨。

七、文献评述

一直以来，政府补贴是学者关注的焦点之一，但早期学者大多聚焦于政府补贴的必要性和有效性方面，其核心出发点在于市场机制与宏观调控的选择上。21世纪以来，关于政府补贴的研究焦点开始逐渐转向在何种情境下政府补贴更有助于社会福利及企业绩效的提升。具体来说，可以将现阶段关于政府补贴的研究现状总结如下。

第一，关于政府补贴的定义、类型与测度。在定义方面，国内外大多数学者对政府补贴还没有统一的、标准化的定义，但大多数学者认为政府补贴是指政府向微观主体提供的无偿性转移支付。本书的政府补贴仅关注政府为支持高新技术企业创新活动而进行的资金补助。在类型方面，大多数学者聚焦于单一类型的政府资金支持研究，鲜有学者对不同类型政府扶持资金的差异性进行研究。本书主要从普惠性政府补贴和竞争性政府补贴对高新技术企业获得政府补贴进行研究。在测度方面，对于政府补贴的测度方式包括构建虚拟变量、采用具体的政府补贴数值、问卷调查三种。本书基于数据的可获得性与全面性，采用构建指标体系并采用实证模型分析研究对政府补贴、研发强度和企业绩效进行测度。

第二，关于政府补贴与企业绩效关系的研究。大多学者开始关注政府补贴发挥正向作用或负向作用的情境条件，如针对哪些类型的企业、在哪些区域、在怎样的制度环境下、采用怎样的补贴方式、补贴数额等问题对政府补贴有效性的影响。然而，现有研究主要从资源禀赋的视角探讨政府补贴对企业绩效的影响机制，对于其他传导路径的探索仍相对较少。

第四节　税收优惠研究

我国高技术产业市场尚不完善，市场对高技术资源价格的调控作用仍然存在滞后的状况，同时高技术产业并不能够完全听从市场需求进行生产，其中涉及的医药产业等仍然需要政府的宏观调控。基于此，我国政府出台了一系列的政策措施，发挥干预作用，为我国高技术产业的发展创造良好的生态环境。政策支持在推进高技术产业高质量发展过程中发挥了巨大的作用，而不同的政策支持方式会有其本质上的优缺点，同一政策工具对国家经济发展、高新技术产业发展的不同阶段会有不一样的作用效果，所以有必要对各个政策支持方式进行分析。本节对近年来相关学者对于税收优惠政策、金融支持政策、政府采购政策的研究进行梳理与归纳。

一、定义

在政策支持方式上，杨秀云和尹诗晨（2022）指出，狭义的政府支持是针对性较强的财政补贴、税收优惠、金融调控等支持性政策，广义的政府支持包括提高政务效率、保护知识产权、完善营商环境等行动措施。本书从狭义的政府支持出发，将政策支持方式归为四种：

政府补贴、税收优惠、政府采购、金融支持。

其中，关于税收优惠的概念界定方面，税收优惠为企业的创新投入以及创新产出增强了信心，为降低企业经营管理的成本费用提供了有效途径，并有利于减轻企业在研发、生产、销售等过程中的税收负担。目前，税收优惠包括税收减免、延长纳税时间等政策（黄惠丹和吴松彬，2019）。税收优惠政策是我国相关政策规定对高新技术企业采取低税率，减轻企业生产研发的税收负担，从而激励企业从事科技创新活动。大量研究表明，税收优惠政策可以明显降低研发投入成本，从而促进企业增加研发投入（王遂昆，2014）。税收优惠政策作为一种间接财政补贴方式，主要通过低缴、免除、减扣等税收减免优惠税率政策来降低成本，鼓励企业进行研发创新活动（黄琰和朱文浠，2021）。

二、税收优惠的测度

跟随科技创新强国政策导向，我国税收优惠政策逐步以鼓励企业开展科技创新活动为导向，对此，学术界依据税收优惠的定义对其进行了量化研究，主要是关注《中华人民共和国企业所得税法》（以下简称《企业所得税法》）的税率调整情况，如周阿立（2010）研究了《企业所得税法》的颁布对企业科技创新活动的影响。部分学者对企业税种进行了研究，发现与增值税、流转税相比，企业所得税对企业技术创新作用效果更加显著。目前已有的研究文献多采用实际所得税税率、指数测算等方法衡量税收优惠。白旭云等（2019）采用技术转让所得减免企业所得税额的自然对数来表示税收优惠指标,其中技术转让所得减免企业所得税额为根据《企业所得税法》第二十七条和《中华人民共和国企业所得税法实施条例》第九十七条的规定,企业符合条件的技术转让所得免征、减征的企业所得税额。王遂昆和郝继伟(2014)运用所得税费用除以息税前利润衡量税收优惠。大部分研究主要考虑所得税优惠部分,不包括增值税返还、税费返还等其他项目,郑春美和李佩(2015)认为,企业税收优惠总额用其所得税名义税率与实际税率之差乘以利润总额来表示。闫华红等(2019)则是在所得税的基础上,通过所得税费用 ÷ 企业所得税税率 × (25% – 企业所得税税率)测算出税收优惠的量化指标。

三、税收优惠对企业研发强度的影响

税收优惠产生的特定产品或服务需求,不仅有利于提高市场对新产品、新服务的需求,而且有助于增强企业进行创新活动的信心。部分学者研究发现,税收优惠是以政府相关部门的产品或服务需求为主,能够在一定程度上降低企业技术创新的风险与成本,提升企业的创新水平,激发企业创新活力(Aschhoff & Sofka, 2009；马承君等,2018)。与政府补贴的方式相比,税收优惠更能够提升企业技术创新的意识,使创新成果的转化效率更高(Raiteri, 2018)。Semple(2018)发现,税收优惠政策信息的发布,有助于减少市场信息的不对称,增强政企之间的信息互动,能够有效防止市场失灵,提高企业在创新活动中的主动性。此外,政府部门的产品或服务采购具有清晰

明确的技术要求，为企业在产品生产过程中提供指引，从客观上影响企业技术创新活动的方向。

在国外研究中，King 和 Levine（1993）认为，完善的税收体系有助于营造良好的创新氛围，对企业研发资金的投入和创新成果的产出起到积极的作用。Tykvova（2000）发现，德国的风险投资对专利发明有显著的促进作用，能够获得风险投资的企业更具发展潜力和盈利能力。Sierzchula 等（2014）发现，在税收优惠的支持下，企业的绿色技术创新水平得到进一步的提升，税收政策能够刺激企业技术创新的积极性与主动性。

在国内研究中，曹霞和张路蓬（2017）发现，完善的税收政策有助于激发区域技术创新的活力，能够为区域创新能力的增强保驾护航。贝淑华等（2022）发现，税收优惠在一定程度上有利于提升林业技术创新水平，并且林业税收优惠呈现正向空间溢出效应，说明增强林业税收支持力度，当地和邻近地区林业技术创新水平都会得到提升。

四、税收优惠对企业研发质量的影响

高新技术企业在发展过程中，除了受到市场的驱动作用，也受到政府的政策影响。一方面，政府政策的过度干预，可能抑制高新技术企业的发展，例如错误的政府决策影响企业规划、行政干预影响企业发展的积极性；另一方面，由于我国的市场经济制度发展仍然不完善，市场调控的滞后性弊端难以避免，同时得益于高新技术企业的正外部性，仍然需要政府利用政策对相关企业进行调节与指导。如何发挥政府在促进高新技术企业发展中的支持作用，尤其是发挥政府政策的导向与激励作用，完善政府补贴政策、税收优惠政策在高新技术企业发展中的作用，对推动我国高新技术企业健康发展具有借鉴作用。此外，政府政策导向是高新技术企业提高企业绩效的重要影响因素。

国外关于税收优惠政策对企业技术创新的影响研究相对较早，但是大多停留在对宏观层面的影响研究方面。Bloom等（2002）研究经济合作与发展组织（OECD）各个国家的税收优惠政策与企业R&D之间的关系发现，各国经济的发展程度、所处的市场环境和制度环境等方面的不同导致税收政策的有效性发挥存在显著差异。Thomson和Jensen（2013）实证检验了税收优惠能够降低企业的研发费用，缓解企业研发投入资金的困境，增强企业研发创新信心，相对于非受惠企业，受惠企业在新产品的研发、销售与使用方面都表现出明显的优势。税收优惠有利于提升企业研发投入的强度，增加企业专利申请的数量，加快新产品、新服务、新工艺等创新成果转化。

与国外研究相比，国内研究相对滞后，大多数文献是针对中国现实经济的发展情况展开实证研究，具有一定的现实指导意义。相关税收优惠对企业技术创新的影响研究，匡小平和肖建华（2008）实证研究认为，税收优惠对企业的自主创新能力具有显著的影响，并具体分析了不同税种的影响。马悦（2015）发现，税收优惠可从降低企业技术创新成本、减小企业技术创新风险、增加企业收益三个方面激励企业技术创新。刘放等（2016）发现，税收优惠整体上有助于激励企业进行创新投入。相对于国有企业，税收激励对民营企业的研发创新投入更具有杠杆促进作用。张娜和杜俊涛（2019）发现，财政补贴和税收优惠显著地提升了高新技术企业的创新效率，而财政补贴对高新技术企业创新效率的作用要大于税收优惠。杨芷和李亚杰（2021）发现，政府补助和研发费用加计扣除抵税显著促进高技术产业的技术创新。何邓娇等（2021）利用多时点双重差分法研究减税降费对企业技术创新的激励效应，发现减税降费不仅提升了企业研发投入，而且提升了企业创新产出，但减税降费政策对企业技术创新的激励作用具有滞后性。

基于国内外的文献研究可知，税收优惠对企业技术创新具有显著的影响。实施更大力度的税收激励可以降低企业研发成本，鼓励企业通过研发创新实现发展，对提高企业技术创新水平产生积极、广泛的影响。

五、税收优惠对企业绩效的影响

完善健全的税收优惠政策体系，不仅是高新技术企业获得资金支持的有力支撑，也是高新技术企业扩展融资渠道的重要保障。良好的政策环境有助于缓解企业创业过程中的资金短缺，能够为高新技术企业增加研发投入强度和创新转化成果提供有效途径。目前，我国的税收政策实施取得了一定的成效，很多学者对税收支持与企业经营绩效的关系进行了研究。

梁宇等（2023）认为，完善的税收体系有助于营造良好的企业创新环境，对企业绩效的提升有促进作用。唐红祥和李银昌（2020）认为，税收政策是促进经济发展和激发市场活力的重要工具，并且发现税收优惠与企业绩效呈显著的正相关关系。姚维保（2020）发现，税收优惠与企业创新及企业成本关系密切，认为研发费用加计扣除优惠总体上能显著地提升企业创新绩效和财务绩效，但低税率减免优惠激励效果不明显且存在差异。田彬彬等（2017）指出，实际税负降低之后，企业的首要选择是增加固定资产投资，而不是研发投资，且此时的企业全要素生产率水平也有明显的提升。朱录（2020）认为，税收政策强调维护市场的公平机制，就应该打破区域的界限、行业的界限、产业的界限和所有制的歧视，使企业享受平等的税收待遇，从而有效提升企业绩效。孙启新等（2020）发现，孵化器税收优惠政策对在孵企业研发投入及创新行为具有一定正向影响，且这种影响通过孵化器这一中介机制发挥作用。

六、文献述评

通过对上述国内外学者关于政策导向的相关研究进行回顾有如下发现。

第一，关于政策导向的定义。众多学者对政策导向定义的观点相差不大，政策导向实质上就是政府部门为了扶持产业发展，实现宏观经济调控目标而制定或实行的一系列政策法规以及干预措施。由于不同支持政策的作用机理不同，适用条件也不尽相同，因此效果存在较大的差异。

第二,关于税收优惠促进企业创新绩效的研究。大量文献从不同层面、不同视角证明了税收优惠政策促进企业技术创新的有效性,国内研究更具有实际应用和借鉴价值,这也是由于不同的影响因素产生的创新效率不同。由此可以看出,政策与支持对象之间仍然存在一个匹配问题,找到匹配的要点是关键。尽管现有文献对技术创新问题的分析已经比较全面和深入,但是缺乏更细致、具体的分析。在现有的研究中,对影响税收优惠政策有效性发挥的因素发掘得还不够,对关键因素的影响研究,将为政府实施行之有效的税收支持政策提供借鉴和参考。

第三,关于税收优惠对企业研发强度的影响。尽管国内外多数学者认为税收优惠政策有利于企业创新活动的进行,但尚未达成统一的观点。此外,国内鲜有研究是基于某一行业或某种企业的视角,比较分析税收优惠政策与企业创新活动的关系,这导致较难制定出差异化的税收优惠政策,难以精准地为不同行业或企业提供政策服务。

第四,关于税收优惠对企业经营绩效的影响研究。从已有的研究归纳发现,学者大多研究了税收优惠与企业经营绩效之间的关系,但还鲜有人从具体的行业视角出发研究税收优惠、研发强度以及企业绩效之间的联动关系,特别是基于中国高新技术企业相关数据实证研究更为少见,这也为本书提供了研究空间,为制定我国高新技术企业的税收优惠政策提供有益借鉴。

第五节 研发强度研究

在全球经济下行压力加大的背景下,企业面临的外部环境越来越复杂多变(涂智苹,2018),技术创新的不确定性和外部性特征等导致单纯依靠市场机制难以提供社会所需的技术创新最优水平。而高新技术企业承担着依靠技术创新促进经济不断增长的重大使命,这也是各国政府历来重视企业技术创新的根本原因,由此,企业技术创新一直是国内外学术研究的焦点。本书以研发强度为中介变量,主要从定义与前期研究两个方面对研发强度的过往研究进行整理与总结。

一、定义

1912年,熊彼特(Schumpeter)首次提出了创新的概念,他认为创新是把关于生产要素和生产条件的"新组合"引入生产中,建立新的生产函数。弗里曼(Freeman)认为,技术创新重在创新成果的转化,如新产品、新系统和新装备的形成。美国国家科学基金会(National Science Foundation of USA,NSF)的主要参与者Myers和Marquis(1969)认为,技术创新是一个复杂的活动过程,通过不断融入新思想、新方法解决现有的技术问题,克服现有的技术研发瓶颈,从而生产出新产品、新服务、新工艺。

部分学者对技术创新的研发强度概念进行了界定,Arow(1969)

认为，技术创新是指将生产要素重新组合并进行试验的过程。Meyer 和 Utterback（1993）认为，技术创新不仅是产品的创新，还包括企业对技术研发的投入程度、先进技术的吸收能力，以及研发成功后的生产和销售能力。柳卸林（1993）认可了技术创新的联系过程，将技术创新过程分为产品创新、过程创新以及创新的扩散过程。傅家骥（1998）认为，技术创新是企业家识别潜在盈利机会，对生产要素资源优化配置，建立高效的生产体系，出产新产品，从而获得利润的过程。吴贵生等（2000）通过研究将技术创新定义为由技术创新的新构想，经过研究开发和技术组合，获得实际应用，并产生经济和社会效益的商业化全过程的活动。Rogers（2003）认为，技术创新是指企业产生新思想、新方法、新物品。Damanpour 和 Schneider（2009）对技术创新的定义主要有以下几点：技术创新来源于市场需求与科学技术发明的结合，并使发明成果应用于市场过程；技术创新的关键是新知识、新技术实现商业化的过程；技术创新以市场效益为中心，而不是以科学水平为导向。何建洪（2012）认为，技术创新不仅是创新能力的体现，还包括企业在进行技术创新过程中为实现技术创新制定的战略目标，以及在技术创新过程中企业的创新氛围和投入程度。李瑞前（2020）认为，技术创新是一个多阶段决策过程，要经历从资源投入产生经济效益，即从 R&D 资源投入实现技术成果，再从技术成果到实现社会经济价值的能力。常广庶和朱利利（2020）认为，技术创新是企业利用新知识、新生产方式和新工艺等，生产新产品，提供新服务，提高产品品质，满足市场需求并实现市场价值的过程。

综上所述，技术创新的概念是逐步发展起来的，并且越来越丰富和具体。本书认为，高新技术企业的技术创新是企业通过对人力、物力、财力的投入，进行新产品和新工艺的设计、研发、生产以及产业化的一系列创新性行为，为实现产品质量提升和企业实现超额利润而从事的创新活动。

二、研发强度的特征

研发强度的特征是制定企业技术创新激励政策的依据和出发点，关乎我国企业技术创新的主体作用发挥，关乎我国经济能否更加健康稳定地增长。其中，技术创新的不确定性特征决定了在不确定性条件下最优投资决策理论对本书研究的适用性，外部性特征决定了政府对企业技术创新进行补贴的理论依据。

（一）技术创新的不确定性

不确定性是技术创新最主要的特征，企业在寻求重大技术进步的研发活动中经常面临不确定性，这一问题的解决需要政府分担技术创新过程中的风险（Nelson & Plosser，1982）。吴永忠（2002）指出，产生不确定性的原因：一是技术创新主要针对尚未克服的关键技术进行研发，此过程具有较高的难度，充满着许多未知的因素，一般情况下，整个研发过程涉及多方利益相关者，每个创新环节都需要反复地打磨，使技术开发的复杂性成为产生不确定性的重要因素；二是外部环境变化莫测导致不确定性增加，如相关政策的改革、同行业的竞争、国内外市场的需求等外部环境都会在一定程度上增加技术创新的不确定性。不确定性特征会影响企业技术创新活动,同时给企业带来风险和机遇。如何降低企业研发强度的不确定性风险,增强企业研发强度能力是政府部门制定政策时需要考虑的重要因素。

由此可知,技术创新活动因具有很强的不确定性而属于高投入、高风险和高收益的经济活动。技术创新项目及成果在最终市场化应用之前一般属于企业无形资产,无法取得收益为企业提供稳定的现金流,同时没有有形资产作抵押,银行等金融机构为了安全起见,一般不会为其融资,这更加剧了企业的融资约束,进一步增大技术创新的风险。政府补贴对企业技术创新不确定性的影响主要通过资金效应、风险分担和信号传递等途径来实现。

(二) 技术创新的外部性

外部性是马歇尔(Marshall)和庇古(Pigou)最早提出的,主要是指某一实体(个人或企业)的活动在市场中不能通过价格等方式反映出其内在价值,在一定程度上降低了经济效率。企业和消费者都是外部性的主体,都有可能产生外部性。本书研究的是企业技术创新的外部性,主要是企业产生的。外部性本质上具有相互性,一个个体产生了外部性,就有另一个个体受到这种外部性的影响。外部性既可能是正的,也可能是负的,正的外部性是指某个个体的行为使另外个体受益而又无法用价值进行衡量并收费的现象;而负的外部性是指某些个体行为使其他个体受损而又无法给予补偿的现象。

企业技术创新是一种新的知识，所有知识都具有共同的基本特征：非竞争性和非排他性，由此造成了技术创新的外部性特征。非竞争性是指在运用某一知识时，各主体之间不会相互影响。非排他性是指先进的知识被开发出来后往往无法完全阻止其他企业或个人使用此种知识获取利益的行为，当然也取决于知识自身的特性和知识产权的法律制度，但并不能完全杜绝知识的排他性，除非知识是完全排他的。知识的两种特性使知识在生产与配置过程中需要依靠市场外的力量，所以企业技术创新往往具有外部性的特征。

三、研发强度的测度

经过不断地改进与发展，关于研发强度测度指标构建的研究已经相对成熟。在国外研究中，OECD 从知识存量和流量、知识与学习、知识产出等方面对研发强度进行测度。Sumrit 和 Anuntavoranich（2013）从创新管理、资源投入、创新成果转化效率等方面测度企业的研发强度能力。在国内研究中，吴友军（2003）将定性指标和定量指标相结合测度企业技术创新能力，包括研发经费、专利数量、研发人员等定量指标，企业性质、企业文化、企业创新环境等定性指标。谭智斌和周勇（2006）将专利数量、研发投入额、研发人员数量、科创经费作为制造业创新能力的主要影响因素。还有部分国内外学者从单一指标和多元化指标两个方面构建了技术创新的测度指标体系，如表 2-2 所示。

表 2-2　企业研发强度的测度指标

类型	代表学者	测量指标
单一指标	肖兴志和姜晓婧（2013）、张兴龙等（2014）、海本禄等（2021）	企业研发投入
	Hausman 等（1984）	专利授权数
	刘凤朝等（2012）、陈红（2018）、车德欣等（2020）	专利申请数
	曹勇等（2012）	新产品销售率
	王一卉（2013）	企业新产品产值与企业全部产值之比
	曾婧婧等（2019）	企业价值
多元化指标	Christiansen（2000）	平衡计分卡
	曹勇等（2012）	新技术/工艺、新产品研发成功率、市场反应、新产品/服务
	解学梅等（2013）	新产品销售收入比、产品创新比例、工艺创新比例
	Rogers（1998）	开发新产品、增加市场份额、降低生产成本、提高产品质量、减少环境污染
	陈劲等（2007）	产品创新、流程创新
	白俊红和李婧（2011）	随机前沿测算创新投入产出效率
	戴一鑫等（2019）	DEA 测算创新投入产出效率
	Tamara 等（2019）	研发投入、专利产出
	杨玉桢和杨铭（2019）	技术成果研发效率、技术成果转化效率
	冯泽等（2019）	研发投入、研发产出、经济收益（区分规模和强度）
	韩凤芹和陈亚平（2020）	技术创新、盈利、成长

综上所述，关于技术创新的常用测度指标可以划分为创新投入、创新产出和创新效率三个层面，其中，创新投入包括资金、人员的投

入；创新产出用新产品、新服务、新专利、科技论文以及综合创新指数等来度量；创新效率用全要素生成率、投入产出比等来度量。其中，最关键的也是争议最多的是使用专利数据对创新产出的衡量。本书在梳理以往研究中经常使用的企业技术创新测度方法的基础上，进行比较分析、筛选，主要从技术创新的研发投入（研发资金、人员投入等）和创新产出（专利数、新产品数等）两个方面对企业技术创新进行测度。

四、研发强度与企业经营绩效的关系

技术和产品的持续创新是企业保持生命力和竞争力的关键因素，当前面临着新旧动能转换的问题，创新也是产业结构升级的源泉动力。高新技术企业作为技术创新的实践者与引领者，只有不断创新并加大研发投入，才能在核心技术上占据主导地位，为建设科技强国贡献自身的力量。

在国外研究中，Warusawitharana（2008）发现，技术创新会对企业的生产运营产生正向作用，企业通过加大创新投入、开展创新活动等方式，在生产中的创新和产品上的创新都会促进企业盈利能力的提升。Roberts 和 Vuong（2013）指出，研发投入大的企业，通常会不断地生产新产品，改良旧产品，以此获得大量利润，所以研发投入对企业盈利具有正向影响。

在国内研究中，陈晓红和马鸿烈（2012）指出，企业的研发投入越多，企业的创新能力得到的进步越大，越有利于提高企业绩效。张凤海等（2013）发现，创新投入有助于推动企业的成长，增强企业的

竞争优势。王楠等（2017）发现，研发投入对企业绩效的促进作用显著，在市场竞争度相对较低的企业中促进效果更明显。徐斌（2019）发现，在企业不同的发展阶段，研发投入对企业绩效的影响存在差异性，对成长期企业的影响明显大于对其他发展阶段的企业的影响。刘云等（2020）发现，企业的研发投入对其盈利能力的影响随着时间的推移越来越显著。

五、研发强度与企业创新绩效的关系

高新技术企业是技术创新产出的主要代表和重要载体，在企业创新活动中加强成果转化能力是新产品、新服务、新工艺产出的关键一环，创新产出始终代表着企业的技术创新水平，对于企业绩效的提升与国家整体创新能力的增强都具有重要作用。技术创新有利于资源要素的最优化使用，有助于企业获取外部资源，实现超额利润。

何卫红和陈燕（2015）认为，企业的经营绩效与其技术创新水平密切相关。陆国庆（2011）指出，企业的技术创新有利于新旧产品的迭代，推动新产品、新服务占据市场，以便实现企业绩效的提高。Camisón 和 Villar-López（2014）发现，无论是前期做技术引进还是后期做自主研发，都可以提升后发企业的技术创新能力，进而提升其对现有知识、技术的掌握能力和产品开发成功率，对企业绩效产生积极影响，实现对先发企业的追赶。王燕青（2014）发现，企业进行技术创新有利于产品占据市场的主要份额，提升产品的市场竞争力。此外，通过技术创新可以提升企业整体的知识学习能力，增强企业的软实力，从而间接影响企业创新绩效。杨惠贤和张炜晗（2020）发现，企业的创新成果产出与企业绩效存在密切关系，企业的新产品、新工艺、新技术都能够提升企业创新绩效。杨超等（2020）实证检验发现，企业在价值链上的位置在一定程度上影响着该企业技术创新与企业绩效的关系，处于价值链末端企业的创新活动对该企业绩效的影响明显大于处于价值链中间位置的企业。

邹国庆和倪昌红（2012）从政府干预、金融约束、公共服务、基础设施、政府管制、腐败六个角度探究了技术创新对企业市场绩效的影响，实证结果显示，制度质量越高，企业市场绩效越好。陈收等（2013）认为，营销政策导向反映了企业的营销能力，合理配置营销资源以提高产品影响力、扩大市场份额、建立竞争优势等。同时，提高营销政策导向也减少了浪费。因此，提高营销政策导向会正向影响企业市场绩效。杨畅和李寒娜（2014）根据不完全契约理论，实证分析了技术创新与企业市场绩效之间的关系，结果表明，完善的技术创新会为企业提供更好的发展环境，有利于企业市场绩效的提升。周晓新（2015）认为，上市公司所处的技术创新对于企业的战略导向和企业市场绩效之间有显著的正向调节作用。

六、文献评述

通过对技术创新相关文献的分析可以发现：

第一，技术创新研发强度的定义。已有文献资料关于技术创新研发强度的定义主要包含以下三个要点：首先，从目的来看，企业进行技术创新是为了增强企业整体实力,强调企业获取利润的能力;其次,从纵向来看,技术创新包含了从新构想产生到应用的全过程;最后,从横向来看,"模仿"和"改进"也算创新,技术创新的范围得到更大的拓展。

第二,研发强度的测度。现有研究主要从定性和定量两个角度对研发强度的测度进行探索,学者大多将研发强度划分为研发经费投入和研发人力投入维度,并用研发经费投入强度、研发人员数量等指标衡量创新投入水平,用专利申请授权数量、新产品和工艺等指标衡量创新产出水平。本书借鉴多数学者的研究成果,从技术创新投入和创新产出两个维度构建指标体系,测度企业技术创新能力。

第三,研发强度与企业经营绩效的关系。本书从技术研发投入和技术创新产出两个部分阐述技术创新对企业绩效关系的影响,国内外研究大多认为其对企业绩效存在着正向关系。本书选取技术创新作为中介变量,从政府支持的视角出发,分析政府支持、技术创新对企业经营绩效的影响机制,为分析政府政策支持影响高新技术企业绩效的传导路径提供有益探索。

第四,研发强度与企业创新绩效的关系。通过文献回顾发现,以往研究更多关注政策导向、研发投入对企业创新绩效的影响,较少关注研发强度在政策导向与企业创新之间的中介作用。本书通过分析政策导向与研发强度的关系,政策导向、研发强度和企业创新绩效的关系,找出政策导向对企业绩效影响的中介效应,厘清研发强度的作用途径,为更好地促进政策发挥作用奠定理论基础。

第六节　影响与作用机制研究

基于上述的理论分析，本节将进一步梳理变量之间的影响机理，并提出本书的五个理论假设，分析变量间的作用路径。

一、政府补贴与企业绩效的假设

通过前文关于政府补贴与企业绩效关系的研究，发现政府补贴与企业绩效的关系呈现"正相关—不相关—负相关"悖论。但基于资源依赖理论可知，政府补贴作为一种直接的资金资源，能够弥补企业在创新活动中的资金需求（Tether & Hipp，2002），增强企业技术创新的信心，减少由于资金问题产生的消极作用（Soderblom et al.，2015），同时在一定程度上也能够抵御外部的不确定因素，分散企业创新活动的风险（Almus & Czarnitzki，2003），从而促进企业研发活动及企业绩效（陈玲和杨文辉，2016）。

目前，学者大多认为政府补贴对企业绩效有积极的影响。政府扶持资源的注入可以提升企业的经营绩效，完善企业的经营管理机制（权家红和叶百川，2019）。Colombo 等（2013）发现，在意大利没有风险资本投资的新技术型企业中，获得政府补贴的企业可以在很大程度上缓解其财务约束。Amezcua 等（2013）、Soderblom 等（2015）发现，获得政府补贴的企业有更高的存活率和更好的财务表现。Tundis等（2017）发现，地方政府补贴能够提高酒店应对外部不确定因素的能力，使其平稳健康发展。政府补贴可以通过影响股权结构（周春应和张红燕，2019）、解决企业融资难问题（周靖宇，2020）来提升企业的经营绩效，而且持续性越高的政府扶持对企业经营绩效的提升作用越明显（曹阳和易其其，2018）。邓超等（2019）发现，政府补贴能够激励中小创新型企业的创新活动，有利于激发企业的发展潜力，进而提升企业的经营绩效。刘云等（2020）发现，在政府的相关支持下，企业的发展将更加充满信心，企业的盈利能力也将进一步提升。刘玉洪（2020）、朱云杰等（2021）发现，政府补贴显著提高了企业绩效，也促进了企业全要素生产率的改善。

综合前期学者的相关理论可以发现：多数学者认为获得政府补贴的企业在创新活动中更具积极性，政府的支持为企业绩效的提升提供了动力源泉。政府补贴是国家创新系统的驱动力和保障，目的在于提升企业创新能力，进而提升企业绩效并增强国家综合实力。地方政府利用一种公共政策吸引企业加大资本投入开展创新活动，政府补贴逐渐成为世界各国驱动创新发展的重要手段，这已在学术和实务界得到普遍认可。对此提出研究假设：政府补贴促进企业绩效提升。

二、税收优惠与企业绩效的假设

在高新技术企业发展过程中，关于税收优惠和企业绩效之间的关系一直存在着些许争议。有些学者支持税收优惠，有些却对其持反对态度。

虽然学者们的理论观点各不相同，但 Fatih（2020）发现，税收优惠投资对中小企业成长绩效是正向相关的，重视企业政策导向的提高，企业绩效也会相应地得到改善。因此，提高政策导向是增加企业绩效的途径。

在国内研究中，黎文靖和郑曼妮（2016）发现，相关政策的实施，在一定程度上加剧了企业之间的竞争，但倒逼着企业加大研发投入的强度，以便稳固企业在市场竞争中的领先地位。宋砚秋等（2021）发现，在税收优惠的激励下，企业的创新积极性和主动性得到大幅提升，企业的经营管理能力和盈利能力也得到进一步增强。燕洪国和潘翠英（2022）发现，税收优惠政策在一定程度上降低了企业在生产经营过程中的成本费用，能够推动企业加大对技术创新活动的资金投入力度，激发研发人员的积极性，不断增加企业的创新成果转化，提升企业的盈利能力和企业绩效。因此，提出研究假设：税收优惠促进企业绩效提升。

三、研发强度中介作用的假设

由于企业在技术创新过程中需要投入大量的资金，使企业的研发活动容易受到资金的束缚，导致创新积极性不高、主动性不强。在此背景下，政府出台了一系列激励措施，如为符合条件的企业提供政府补贴，增强企业进行创新的意愿。基于资源依赖理论，企业的技术创新过程充满着不确定性和高风险性，在特定时期下可能需要依赖外部资源弥补自身的资源不足或短缺（吴剑峰和杨震宁，2014）。本书认为，政府补贴作为一种无偿转移支付，当企业获得补贴时可以增加研发过程的资金投入，减少由于资金的束缚而导致创新动力不足，促进企业技术创新能力的持续提升。

政府补贴能够缓解企业的资金需求，从而促进创新持续投资。一方面，政府补贴通过直接增加创新投入、提高企业预期创新效益来提升企业的研发动力（黄文娣和李远，2022）。范定祥和来中山（2019）发现，政府补贴作为一笔重要的外部资金，能够弥补企业研发投入的资金缺口，增强研发的主动性。黄世政等（2022）发现，政府补贴对企业技术创新能力具有显著的正向影响，表明政府补贴对企业技术创新能力的提升具有重要的推动作用。另一方面，在市场机制下，当企业研发投入意愿不足、研发水平低下时，需借助政府力量进行干预，防止市场失灵（李健和卫平，2016）。黄文娣和李远（2022）发现，政府补贴既可以通过增加研发资金直接促进企业技术创新，也可以通过扩宽融资渠道、增强企业融资能力等途径间接促进企业技术创新。黄玮（2018）认为，政府补贴对新创企业绩效的影响机制是基于组织合法性和创业导向的中介作用。

基于信号传递理论，政府为企业提供补贴能够增强企业相关信息的传递，减少外部投资者与企业之间的信息不对称，使外部投资者更能够充分了解企业的发展情况，以便对企业进行全面科学的评估，进而做出投资决策。一方面，政府补贴使企业的偿债能力得到进一步增强，从而有利于传递积极的财务信号，增强外部投资者对企业投资的信心（傅利平和李小静，2014）。另一方面，获得政府补贴的企业也意味着经过政府的审查和认可，在一定程度上有利于提升企业的声誉与信誉，为投资者传递出安全信号。因此，政府补贴实质上有利于增强企业的融资能力，提升外部投资者的决策信心，降低投资的不确定性因素和风险性因素，进而有助于打破企业融资过程的束缚和限制，使高新技术企业能够获得研发创新资金。因此，提出研究假设：政府补贴促进企业增加研发投入。

在税收优惠政策与研发强度的关系研究方面，Mansfield和Switzer（1985）发现，税收优惠政策有利于降低企业的技术研发成本，使企业的创新活动能够持续进行。税收优惠一方面有利于促进企业引入新技术、开发新产品，另一方面也会由于传递的利好信息而赢得外商投资的青睐。娄贺统和徐恬静（2008）认为，一方面，税收激励可为企业提供资金支持和利好信息，有利于吸引优秀的人力资本；另一方面，税收激励可降低企业的研发创新风险，提高企业自身的创新收益预期，通过资金支持与收益驱动合力促进企业的R&D活动顺利实施。储德银等（2016）认为，税收优惠对研发投入具有刺激作用。李维安等（2016）发现，税收优惠在不同企业之间的影响成效具有一定的差异性，但其对企业的创新绩效存在重要的促进作用。毛毅翀和吴福象（2022）发现，税收优惠对不同规模企业的创新活动产生不同的影响效应，对于大型企业而言，效果更为显著。

一方面，税收优惠能够增加市场对新产品、新服务、新工艺的订单需求，刺激企业不断创新以提升市场竞争优势。首先，政府的创新产品需求，为企业提供了稳定的市场；其次，税收优惠有利于传递创新产品的积极信息，推动除政府外的其他组织或个体适应新产品和新服务，增加了市场对产品的接受度。另一方面，税收优惠能够为企业的研发活动提供方向指引，减少内外部环境的不确定性和创新活动的高风险性。首先，税收优惠通过制定明确的产品需求清单，使企业在技术研发和产品生产过程中更具目标导向，防止企业的创新成果出现无人问津或者供大于求的现象，有利于降低企业的创新决策风险；其次，税收优惠对企业的产品定价以及产品在市场销售等具有一定的保护作用（唐东会，2008），有利于降低创新产品的市场风险；最后，政府采购能够减少企业与市场的信息不对称，增强创新产品的需求弹性，促进企业创新绩效的提升。

Kaplan 和 Stomberg（2003）发现，税收优惠在企业初创期的作用除了提供资金支持外，风险资本家还可以通过制定企业发展战略、参与董事会决策、监管公司运行等方式帮助中小科技型企业迅速成长，从资金和管理技术两个方面对企业进行投资。王旭和褚旭（2019）实证分析发现，税收优惠能够拓宽企业融资渠道，有利于企业创新资金获得，其对企业绿色技术创新绩效能够产生重要影响。赵婧等（2019）发现，不同地区的税收优惠政策对创新活动发挥的效果具有差异性，资本市场的金融支持对东、中部的企业创新活动更具推动作用。提出研究假设：税收优惠促进企业提高研发强度。

四、研发质量调节作用的假设

基于技术创新理论可知，企业的技术创新具有溢出效应，而溢出效应不利于企业技术创新的持续性。当前，政府为降低溢出效应所产生的负面作用，通过采取财政补贴等方式刺激企业的创新积极性，弥补溢出效应对企业的影响。现有文献认为，政府补贴虽然能够有效提升企业的运营管理能力和经营绩效能力，但在这一过程中存在许多传导路径（Feldman & Kelley，2006）。戴浩和柳剑平（2018）发现，政府补贴为企业的研发创新提供了直接的资金支持，增加了企业的研发经费投入，刺激了企业的创新积极性，进而促进了企业绩效的提升，因此研发经费在政府补贴影响企业绩效过程中起到了重要的传导作用。丘东等（2016）和牛霄鹏等（2018）同样认为，研发投入是连接政府研发补贴与企业绩效之间关系的重要桥梁。颜晓畅（2019）发现，政府补贴为企业创造了更好的创新环境进而提升了受扶持企业的经营绩效。此外，在产业结构转型升级与新旧动能转换之际，政府通常会制定相关政策措施，鼓励企业发挥自身优势，不断加强技术创新能力和研发投入力度，以便有效推动经济结构的转型。因此，政府干预在一定程度上是通过刺激企业的创新活力进而促进企业的发展和资源优化。在研发强度的调节作用下，政策导向能够促进企业综合绩效提升。

五、文献述评

第一，政府补贴与企业绩效。通过前文关于政府补贴与企业绩效关系的研究，根据选取指标体系、研究方法、研究样本和时间的不同，发现政府补贴与企业绩效的关系呈"正相关—不相关—负相关"

悖论。已有的研究成果关于政府补贴对企业的科技创新活动所形成的新产品和新服务的创新绩效，以及科技创新活动带来的经营绩效的影响存在研究空间。

第二，税收优惠与企业绩效。在高新技术企业发展过程中，关于税收优惠和企业绩效之间的关系一直存在着争议。有些学者支持税收优惠，有些学者却对其持反对态度。实施税收优惠政策是增加企业绩效的途径。但是，目前较少探讨税收优惠政策如何激励研发人员的积极性，不断增加企业的创新成果转化，提升企业的盈利能力和企业绩效。

第三，研发强度的中介效应。从文献回顾中可以了解到，政府补贴能够缓解企业的资金需求，从而促进创新持续投资。政府为企业提供补贴能够增强企业相关信息的传递，减少外部投资者与企业之间的信息不对称，使外部投资者更能够充分了解企业的发展情况，以便对企业进行全面科学的评估，进而做出投资决策。

在税收优惠政策与研发强度的关系研究方面，税收优惠一方面有利于促进企业引入新技术、开发新产品，另一方面会由于传递的利好信息而赢得外商投资的青睐。税收优惠能够增加市场对新产品、新服务、新工艺的订单需求，刺激企业不断创新以提升市场竞争优势。

第四，研发质量的调节作用。基于技术创新理论可知，企业的技术创新具有溢出效应，因此不利于企业技术创新的持续性。现有文献认为，政府补贴虽然能够有效提升企业的运营管理能力和经营绩效能力，但在这一过程中存在许多传导路径，研发投入是连接政府研发补贴与企业绩效之间关系的重要桥梁。政府通常会制定相关政策措施，鼓励企业发挥自身优势，不断加强技术创新能力和研发投入力度，以便有效推动经济结构的转型。

本章小结

高新技术企业的发展体现着一国的技术创新水平，其不仅是对国家经济实力的重要反映，还能够对国家未来发展产生深远的影响。此外，高新技术有利于推动经济发展、社会进步，促进人民生活水平提高，唯有把握核心自主技术创新的主导权，才能在新时期应对国内外复杂的经济政治环境。近年来，政府为了激发高新技术企业的创新活力，构建了较完善的政策支持体系，通过政府补贴、税收优惠、政府采购等措施，增强高新技术企业技术创新的意愿，减轻企业在技术创新过程中的资金负担，降低了企业在经营管理中的政策性风险，推动了高新技术企业技术创新活动的市场化进程。

为进一步寻求政府政策制定的依据，探索政府政策支持的作用机制，国内外相关研究非常活跃，研究焦点主要集中在政府补贴等单一形式政策对创新"激励"或是"挤出"效应的评价上。然而，政府支持并非独立存在，政策之间存在着交互作用（Cejudo & Michel, 2017），不考虑其他政策的作用而只研究单一政策对企业创新的作用将使结果存在偏差。此外，科技政策实施效果不仅要注重数量的增加，更要注重质量的提升，而政府支持度对技术创新和企业绩效提升的作用及其作用差异研究还存在不足。那么，政府支持度对技术创新和企业绩效的作用如何？政府支持度对企业绩效的影响机制是什么？政府支持度对高新技术企业的发展又具有哪些影响？对这些议题的研究具有重要的政策意义和实践价值。

本章基于全书的主要研究要素与相关理论进行了文献梳理。

第一，企业绩效。本章通过回顾企业绩效的概念内涵分析、企业绩效的测量指标体系的发展和选择、企业综合绩效的相关研究、技术创新与企业绩效的相关研究等，明确了企业绩效在本书中的概念，并基于高新技术企业的特点，选取综合绩效两个维度测度企业绩效，最后分析了技术创新对综合绩效的影响。

第二，政府补贴。政府补贴是缓解高新技术企业在技术创新过程中产生的高经费、高风险等特性的重要保障。本章通过回顾政府补贴的定义、对象及类型、测度，以及政府补贴分别与企业绩效、研发强度的关系等内容，并基于以往研究视角单一的不足，选取普惠性政府补贴和竞争性政府补贴两个维度进行分析，并阐述了政府补贴对企业绩效、研发强度的影响，为后文的实证分析奠定了基础。

第三，税收优惠。首先，回顾了政策导向的基本概念，从税收优惠政策、政府采购政策、金融支持政策三个维度对其进行阐述。其次，梳理归纳税收优惠对企业研发强度的影响、税收优惠对企业创新绩效的影响、税收优惠对企业经营绩效的影响，最后，进行了相应的文献评述，总结了现有研究的成就与不足，提出了本书的研究空间和价值。

第四，研发强度。首先，通过回顾技术创新的概念界定，认为技术创新是高新技术企业通过应用新知识、新技术与新工艺进行创新活动。其次，从技术创新的不确定性和外部性两个方面阐述技术创新的特征，并概括技术创新的常用测度指标，从研发经费投入和研发人力资本投入两个方面进行测度。最后，分析政府补贴和税收优惠对研发强度的影响，以及研发强度在政策导向与企业绩效之间的中介作用。

第五，在对相关变量进行文献回顾、维度划分和关系研究的基础上，进一步提出了相关理论基础与研究假设。依据相关文献或理论概述，本书沿着在研发质量的调节作用下，政府补贴和税收优惠—研发强度—企业绩效的逻辑思路，设计高新技术企业的政府支持度对企业绩效的影响模型，为后续实证分析构建理论模型。

Innovation Management of High-tech Enterprises

| 第三章 |

理论机制与研究假设

首先，本章阐述了本书所依据的理论体系，包括资源理论、政府干预理论、技术创新理论、信号传递理论。其次，基于理论基础介绍了政府补贴、税收优惠、企业绩效变量之间的研究假设，进一步阐述了本书的研究内容，样本分析数据获取的相关内容，以及指标体系的开发和设计，并对测量题项设置进行说明，其中企业绩效从综合绩效两个维度出发，采用12个指标体系进行测量，包含政府竞争性补贴、普惠性补贴、税率、税费、企业所得税、研发经费投入、研发人力资本投入、研发质量等。再次，阐述了数据采集过程及样本数据的具体分布。本章主要通过收集沪深上市A股高新技术企业的数据，进行统计分析。从调查反馈的结果来看，采样的数据符合本书的要求。最后，介绍了本书主要用到的数据分析方法，包括文献研究法、统计法和实证分析。

第一节　研究内容

本书的研究目的是探索沪深上市A股高新技术企业所获得的政府支持度、研发强度对企业绩效的影响。由于研究对象是高新技术企业，所以为了确保样本的全面性，调查考虑了样本企业对象的特征，测量内容包括企业性质、企业所属行业、企业经营年限、企业员工人数、企业资产总额等信息。高新技术企业的相关财务数据并不能完全满足本书的需要，因此选取政府补贴、税收优惠、研发经费投入、研发人力投入、专利申请和营业状况等指标数据进行实证研究。在指标设计的初始阶段，详细梳理政府补贴和税收优惠与企业绩效相关研究，借鉴以往学者的测量指标以及量表题项，根据前期的文献收集情况并结合本书的研究目的，最终形成初始指标体系。

一、样本选择

本书具体研究的是高新技术企业在发展中所获得的政府支持度对企业绩效的影响，以及其在发展过程中存在的问题和动因，从而支持我国高新技术企业更好地发展，实现社会综合利益最大化。主要涉及的概念有高新技术企业、政府补贴、税收优惠、研发强度、企业绩效。

2016年，科技部、财政部、国家税务总局印发修订后的《高新技术企业认定管理办法》，大多数学者以此为基础界定高新技术企业的概念。本书认为，高新技术企业是指从事高新技术研究、开发，创新成果生产以及提供技术服务的企业，需要较强的自主研发能力，当新产品、新工艺、新服务产出时，其经济社会效益远高于一般企业。此外，高新技术企业主要是以高新技术作为企业支撑，加强科技创新以及产品研发是高新技术企业保持生命力和市场竞争力的重要引擎。推动高新技术企业高质量发展，有利于提升我国科技创新水平，为增强经济社会的发展活力提供重要保障，为转变经济发展方式提供动力源泉。

鉴于上述概念界定，本书选择电子信息、生物医药、新材料、光机电、新能源、环保、现代装备等行业为研究对象，在后续的问卷调查中，均以相应行业的代表企业为研究对象，并通过收集调查数据进行实证分析。

本书选择沪深上市A股高新技术企业为研究对象，主要是出于以下几个原因：一是数据可获得性。沪深上市A股高新技术企业数据公开，且在万德数据库（Wind）、国泰安数据库（CSMAR）、统计年鉴中具有公开性，确保实证研究结果的客观性和准确性；二是近几年国家频频出台支持高新技术企业发展的优惠政策，选择高新技术企业样本数据更能准确测量出政府补贴和税收优惠对创新绩效影响作用的水平；三是政府支持对高新技术企业的技术创新以及企业绩效方面有比较深入的了解，有利于本书的研究开展，使理论分析研究假设、实证研究对象更有针对性、更精准；四是笔者从事高新技术行业，能够通过深入走访调研高新技术企业，在高新技术企业发放纸质问卷，获取一手数据，为研究政府支持与企业绩效的关系提供数据支撑。

本书的数据收集通过万德数据库和国泰安数据库。一是样本企业特征，测量内容包括企业性质、是否为国有高新技术企业、企业资产规模、企业经营年限、企业营业收入等信息；二是关于政策导向变量，包括政府补贴、税收优惠、企业创新绩效、企业经营绩效、研发强度、研发经费投入和研发人力资本投入等变量的题项。共获得原始数据样本20751份，剔除数据缺失样本后，有效样本为8365份。

二、企业绩效指标设计

对于企业绩效的测量，近年来相关的研究成果已逐渐成熟。Lu和Beamish（2001）认为，考察企业国际化经营绩效，还应当分析企业的经营效率，包括管理费用率、销售费用率及其他运营绩效指标。班博和张红娅（2008）认为，如果采用单一指标对企业绩效进行测量可能会出现偏差，将财务指标和非财务指标相结合更能够客观、全面地对其进行评价。肖挺（2018）采用利润率、人员结构、产品销售额来表征企业绩效水平，研究显示制造业服务化对技术型员工比重的影响为正，而与利润率及销售收入的关系较为复杂。李笑和华桂宏（2020）指出，高新技术企业具有较高的技术性质，因此对企业绩效的测量应基于创新成果产出绩效和财务绩效。曾凡龙等（2022）从财务视角和非财务视角出发，选取盈利能力、适应能力、偿债能力等财务指标和企业的社会贡献力、创新能力、行业竞争力等非财务指标对企业绩效进行了测度。

本书借鉴了Homburg等（2002）关于综合绩效的测量，倾向于将企业绩效划分为创新成果产出的创新绩效与市场经济效益的经营绩效两个维度，即综合绩效两个测量指标。财务绩效是指企业通过战略的实施与执行，对整个企业的生产、销售、运营等环节进行管理，并取得最大化的经营绩效。财务绩效主要体现在以下几个方面。

第一，盈利能力。企业经营管理的最终目标是利益最大化，而盈利水平代表着企业的发展潜力和企业获得利润的能力。评价企业盈利能力更能体现企业的资本净收益和资本增值的状况，是企业绩效评价指标改进的未来趋势。

第二，营运能力。营运能力主要反映企业运营管理水平，其能力的强弱对企业资产管理、资产使用效率具有重要影响，营运能力越强，企业的盈利能力就越强。

第三，偿债能力。偿债能力事关企业的健康平稳发展，能够集中反映企业的经济实力、财务状况。

第四，抗风险能力。企业在发展过程中面临着国内外、同行业间的竞争以及所带来的各种风险因素，而抗风险能力是企业抵御各种风险挑战的能力，对企业的生命力和市场竞争力具有重要影响。

第五，创新能力。企业通过引进新产品、运用新技术、开辟新市场、依托新组织和新材料来源，将这些生产元素的重新组合投入生产过程中，就是生产过程的创新能力。

三、政策导向指标设计

高新技术企业的发展对经济社会进步具有巨大的推动作用，各国政府为了鼓励高新技术企业的发展采取了多种政策支持方式。本书基于政策导向的定义，将政策导向划分为政府补贴、税收优惠两个维度。

（1）政府补贴（Government Subsidy，GS）维度。基于庇古修正性补贴概念和孔东民等（2013）的研究，本书认为政府补贴是指为弥补高新技术企业所带来的正外部性和外溢性（Outcome Additionality），政府采取的直接资助、房租补贴、贷款补贴、研发补贴等手段直接或间接给予高新技术企业以财政支持的各种激励措施的综合，并将政府补贴分为普惠性政府补贴和竞争性政府补贴。无论是普惠性政府补贴还是竞争性政府补贴，它们对高新技术企业绩效都具有直接的正向影响，原因主要在于政府补贴作为一种直接的资金资源，能够起到缓冲作用，从而有效补充高新技术企业的资金量，保护高新技术企业免遭"资源耗竭"，直到企业能够从环境中获取足够资源。根据数据的可得性，本书选择高新技术企业所获得的政府补贴来衡量。

（2）税收优惠维度。税收优惠是指除财政补贴外直接影响高新技术企业的政策，政府可以通过税收递延、税收抵免、税前扣除等方式实现对企业的扶持，具体表现为减免企业所得税、降低投资税、研发增加的税收抵免、减免风险投资相关税、取消附加税等。在税收优惠的刺激下，企业的研发积极性得到大幅提升，有利于推动企业创新成果的转化、生产、销售，提升企业的经营绩效和盈利能力（徐维祥等，2018）。本书选用所得税费用÷企业所得税税率×（25% – 企业所得税税率）来衡量。

四、研发强度指标设计

研发强度指标体系已经相对成熟。Jaffe 和 Trajtenberg（2002）运用创新投入占销售额的比重、新产品、新专利数量等指标测度企业的技术创新水平。徐玲等（2007）从研发投入、创新产出等方面测度了高技术产业技术创新能力。陈萍等（2008）从创新投入和创新产出视角出发，构建了包含经费投入、新产品投入、人力资源投入、专利投入以及利润投入等测度指标。齐兴达等（2015）从创新投入、转化、产出三个环节构建了测度指标体系，创新投入主要包括资金和人力投入，创新产出包括技术创新成果和产业竞争力，而转化过程有主体参与者的技术基础、主体参与者吸收能力、政府相关机构的引导和支持。肖鹏等（2016）从技术创新投入、技术创新产出和技术创新环境的角度出发，构建了高技术产业技术创新能力的测度指标体系。

通过梳理已有文献以及相关理论研究思路，多数学者从投入和产出的角度评价技术创新水平。创新投入包括研发人员、研发资金等指标，创新产出包括新专利、新产品、新工艺、科技论文以及综合创新指数等指标。本书参照 Guan 和 Pang（2017）、董鹏刚和史耀波（2019）、甄德云和沈坤荣（2020）等的研究，研发强度采用研发经费投入和研发人力资本投入来衡量。

五、研发质量指标设计

1912 年，熊彼特首次提出了"创新"概念，其认为创新是通过建立新的生产函数，将生产要素、管理方式等纳入生产体系。经济增长的动态均衡就是这种新组合带来的结果，单个经济体（企业）通过这种新组合不断获取潜在利润，推动经济发展。后续学者对熊彼特的"创新"概念进行了补充和完善。Enos（1962）认为，技术创新是制订计划、人才招用、发明选择、资本投入、生产实践、开拓市场等一系列企业行为综合作用的结果。Myers 和 Marquis 完善了 Enos 对创新的定义，强调新思想形成的新概念是整个创新过程的灵魂，通过不断地解决新组合在生产体系中遇到的各种问题，创造具有经济价值和社会价值的新项目。弗里曼将创新的概念狭义化为"技术创新"，指出技术创新在经济发展中的核心地位，着重强调技术创新的技术、工艺和商业化特征。经济合作与发展组织认为技术创新是设备、人力资源、工作方式等生产要素的任意组合，通过新的或重大改进的生产方法生产出的具有改进性能特征的产品的过程。

本书的研发强度主要是指高新技术企业通过研发资金、人员的投入，对新产品、新工艺进行设计、研发、应用生产、销售及产业化的经济活动的总和，其中包含生产方式的改变和技术进步带来的产品性能的改变。

六、研究框架

本章在文献梳理的基础上，结合对各个变量的概念、测度和变量间相关关系的阐述，最终依据理论分析提出关于高新技术企业的政府补贴、税收优惠、研发强度与企业绩效之间的理论假设。本书将以研发强度为中介变量，将被解释变量政府补贴和税收优惠以及结果变量企业绩效统一纳入研究模型，沿着政府补贴和税收优惠—研发强度—企业绩效的逻辑思路，构建"政府补贴和税收优惠（解释变量）—研发强度（中介变量）—企业绩效（被解释变量）"的研究模型，如图 3-1 所示。

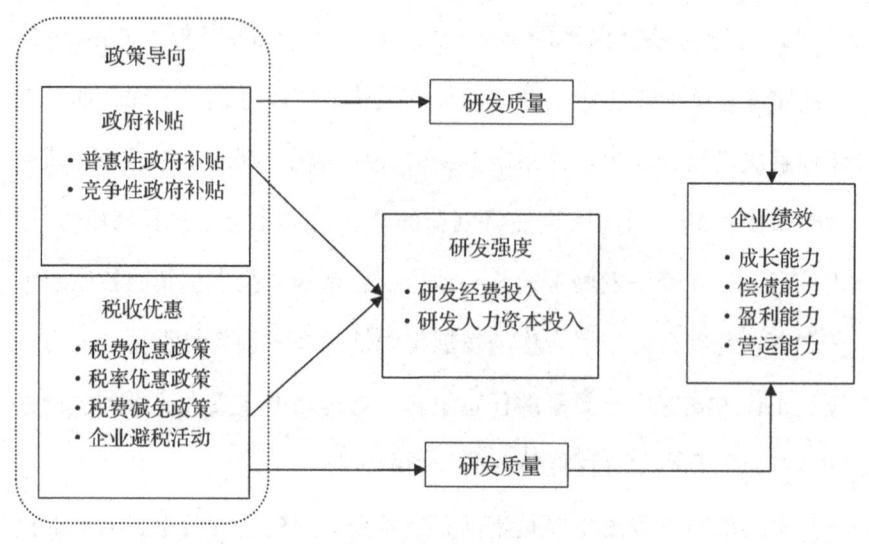

图 3-1 研究框架

本书将企业绩效看作企业战略目标达成程度的一种衡量，而政府补贴是政府的一种无偿转移支付，主要支持企业的创新活动；政策导向主要包括税收优惠、政府采购、金融支持等，税收优惠是通过税收的方式降低企业的经营管理成本，政府采购是政府部门集中采购企业的新产品、新服务等，金融支持主要指政府为了促进企业创新发展而出台各种政策帮助企业进行融资；研发强度是高新技术企业通过投入研发资金、研发人员等，应用新知识、新技术与新工艺，实现产品质量提升或开发新产品、新服务而从事的创新活动，直接和间接地影响着企业绩效的提升。在此基础上，结合上文的假设研究，可知政府补贴和税收优惠都会直接作用于企业绩效。此外，很多学者通过理论分析和定量实证都证明了技术创新能起到中介作用，并得到了众多学者的认同。因此，本书模型中的被解释变量是企业绩效，解释变量是政府补贴和税收优惠,中介变量是研发强度。政府补贴和税收优惠不仅直接正向影响企业绩效,同时它们还通过研发强度作为中介变量来正向作用于企业绩效。

综上所述,本章为了更加直观地阐述政府支持度对企业绩效影响的内在机理,进一步深化政府支持下政府补贴、税收优惠、研发强度与企业经营绩效和创新绩效间的关系,设计了高新技术企业的政府支持度对企业绩效的影响模型,为后文的指标体系设计和实证分析奠定了理论和实践基础。

第二节 研究假设

一、政府补贴对企业绩效的影响

在政府补贴政策方面,胡凯等(2013)认为政府补贴作为需求侧政策工具,以政府订单形式直接创造巨额市场需求,降低了创新的不确定性,同时政府补贴行为在全社会形成示范效应,刺激广大消费者的产品需求,从而降低技术转化过程中的风险,激活市场活力,以需求拉动创新,以创新增加了企业创新绩效。

企业内部资金、技术、知识等资源有限,当企业无法依靠组织内部完成创新,或者仅仅依靠组织内部创新成本过高时,为使成本最小化,企业会通过外包、雇用创新团队、并购、颁发许可等方式寻求外部资源，其中产学研以及产业链不同环节上的创新主体合作是一个重要的途径，即政府补贴促使企业加强合作研发投入，增强了企业间的优势互补，使企业的利益最大化，为提升企业经营绩效提供了重要的支撑作用。

基于前文对政府补贴与企业绩效关系的研究，发现高新技术企业通常具有较高的技术性颠覆、突破式创新等特点，这也导致其可能面临着更大的创新风险，进而无法吸引外部资本资源，导致"资源缺口"和更低的生存可能性。而政府补贴可以通过创造资源弥补高新技术企业和生存环境的关系，有效缓解企业的"资源耗竭"，进而提高企业的生命力、创造力以及企业综合绩效。

因此，本书预期政府补贴与企业绩效之间存在着正向关系，提出关于政府补贴和企业绩效的相关假设：

假设 H1a：政府竞争性补贴和普惠性补贴政策能够促进企业综合绩效的提升。

二、税收优惠对企业绩效的影响

在税收优惠政策方面，税收优惠有助于降低企业的经营管理费用，在一定程度上减轻企业创新过程中的资金负担（石绍宾等，2017）。税收优惠可以通过减少税收费用直接降低企业的研发成本（Atanassov & Liu，2020），增加专利申请数量及新产品销售收入（Tian et al.，2020）。邹淑仪（2019）发现，税收优惠政策的实施能够激发企业的创新活力，加快新产品、新服务的产出，提升企业的营业收入。所以，税收优惠能够通过降低研发成本促进企业创新绩效提升。

同时,税收优惠是一种间接支持行为,企业的技术转让、咨询等费用均可享受营业税减免,这在客观上为企业技术创新提供了税收优惠,降低企业技术研发的成本费用,对提升企业绩效发挥积极作用。与政府直接补贴相比,税收优惠造成的寻租风险以及激励扭曲更低,在普遍性、公平性等方面的优势更大(杜千卉和张玉臣,2020)。燕洪国和潘翠英(2022)认为,税收优惠能够大幅降低企业在生产经营过程中的成本费用,对企业经营绩效提升呈促进作用。

结合第二章和上述政策导向的相关结论,本书认为,税收优惠和企业绩效这一经营成果指标存在某种程度的联系,将税收优惠政策作为维度来分析与企业综合绩效两者之间的联系,可以提出如下理论假设:

假设H1b:税费减免、避税活动、税率优惠和税收优惠政策能够促进企业综合绩效的提升。

三、政府补贴对研发强度的影响

在政府补贴政策方面。苏婧等(2017)指出,政府采购以政府为消费者产生特定需求,通过降低技术创新的风险与成本,增加企业技术创新的信心,激励企业投入研究、开发资源,加快创新成果的产出,为提高企业的市场绩效和财务绩效提供重要的驱动作用,即研发强度在此过程中起到中介作用。

基于信号传递理论,获得政府补贴的企业有利于传递该企业具备竞争优势的信号,提高该企业在同行业或者投资界的声誉,增强投资者与企业之间的互相了解程度,拓宽企业的资源获取渠道,为改善企业生产经营环境提供重要途径。一方面,政府补贴是企业的营业外收入,有利于提高企业的偿债能力和财务能力,促进企业绩效的提升;另一方面,政府补贴能够提升企业的信誉度,提高市场投资者对企业的认可程度,增强投资者的决策信心,有助于提高企业的融资效率进而推动企业扩大生产经营规模,提高研发强度。

政府补贴能够为外部投资者传递积极的信号,增强投资者与企业之间的信息互动。政府会派遣专家评估申请政府补贴的企业,并选择具有较强创新能力和发展前景的企业予以补贴(Takalo & Tanayama,2010)。政府补贴的信号帮助外部投资者了解到,被资助的企业具有很强的发展前景和完成研发活动的能力,从而降低信息不对称性,吸引投资,激励企业进行技术创新。

但是,企业在研发过程中充满了不确定性,一旦研发成功,其创新成果有明显正外部性,可能存在市场失灵,大幅降低企业的创新积极性。为了纠正市场失灵,鼓励企业创新,我国政府颁布了相关补贴政策,以对高技术产业进行引导与支持。其中,政府补贴最为直接,一方面,能够增加企业的研发资金,降低企业风险,激励企业自主创新;另一方面,补贴政策的倾向与扶持力度可以在一定程度上促进新型产业发展,扶持地区比较优势产业发展,鼓励高技术产业结构升级和调整。

综上所述,政府补贴不仅能够为企业提供直接的资金支持,还能够间接地提升企业的融资能力，增强外部投资者的决策信心，使企业的创新活动具有持续性与连贯性。因此，可以提出如下理论假设：

假设H2a：政府补贴通过增加企业研发经费投入和研发人员投入作用于企业综合绩效的提升。

四、税收优惠对研发强度的影响

税收优惠是国家在促进高新技术企业创新能力中常用的政策工具，已有文献大多认为税收优惠能够促进企业创新能力的提升。税收优惠能够降低企业技术创新过程中产生的税收负担，降低技术创新成本，刺激企业投入技术研发（韩仁月和马海涛，2019）。还有研究认为，企业自身的特性会对税收优惠的创新激励效应产生影响，尤其是对规模较大的企业和国有企业的作用更为明显，而且税收优惠中，企业所得税优惠的作用效果始终更好（冯发贵和李隋，2017；David et al.，2000；卫舒羽和肖鹏，2021）。马海涛和贺佳（2022）发现，企业所得税优惠能够促进高新技术企业创新能力的提升，但对高新技术企业专利申请的促进效应不十分理想，总体而言，税收优惠通过降低企业研发成本、促进企业增加研发经费和人力资源投入来促进研发强度提升。

在国外研究中，Griffiths和Webster（2010）发现，企业在技术创新过程中不仅有助于增强自身的知识吸收能力，也有助于企业克服技术困难，增强企业整体绩效。Cruz-Cázares等（2013）发现，研发资金与研发人员的增加在一定程度上能够提升企业的创新积极性，增强企业进行技术创新的信心，助力企业绩效的提升。Hu等（2015）发现，企业进行技术创新有利于整合内外部资源，调动不同部门之间相互协作，增加新产品、新服务的产出，促进企业绩效的改善。

在国内研究中，朱乃平等（2014）发现，研发投入能够提升企业整体的创新水平，激发人员的创新意识，对企业的长期绩效起到促进作用。陈收等（2015）发现，研发投入对处于不同发展阶段的企业能够产生不同的影响，对企业财务绩效的提升存在显著的差异。陈立勇等（2016）认为，技术创新能够使企业在激烈的市场竞争中立稳脚跟，增强企业对复杂外部环境的适应性，有助于企业平稳健康地发展，为改善企业财务绩效提供有效途径。张辽和黄蕾琼（2020）发现，随着企业创新活动的开展规模增大，多元化的创新更能够增强企业的发展实力。张完定等（2021）发现，企业的创新活动并不能马上增加企业的财务绩效或净利润，存在一定的时间推迟效应。

综合本书第二章以及上述相关理论的分析可以得出，税收优惠与研发强度存在一定的联系。因此提出如下理论假设：

假设H2b：税费优惠政策通过增加企业研发经费投入和研发人员投入作用于企业综合绩效的提升。

五、研发质量的调节作用

戴浩和柳剑平（2018）实证分析发现，政府补贴有助于增强企业的研发积极性，促使企业的资金更多地向技术创新领域倾斜，加快企业的成长，即在此过程中研发经费投入起到了重要的传导作用。张恩众等（2020）发现，通常情况下，政府补贴能够增加企业的研发经费，推动企业进行创新活动，以便增强企业的生命力和市场优势，这表明技术创新是政府补贴促进企业绩效提升的重要媒介。王羲等（2022）发现，政府补贴在一定程度上能够促进企业创新绩效的提升，而研发投入在此过程中发挥着重要的调节作用。岳宇君等（2022）指出，技术创新、政府补贴都可以提升高新技术企业的发展质量，技术创新起着部分中介效应。黄世政等（2022）发现，政府补贴通过增强企业技术创新能力提升创新绩效，在此过程中技术创新能力发挥中介效应。

政府补贴对高技术产业企业的研发投入活动具有指导意义。政府补贴为企业开展创新活动奠定了基础，起到了引领和促进作用。Wallsten（2010）发现，研发资助可以提高企业的创新产出，从而影响整个行业的研发投入水平。Czarnitzki 和 Hussinger（2018）发现，政府补贴有助于减少技术创新的成本费用，控制研发创新可能带来的风险，提高企业自身的研发产出效率。由于企业创新活动伴随着高风险、高投入，而政府补贴有利于弥补企业的研发投入不足，分散研发风险，提高企业的创新能力。Bergek 等（2014）、Costantini 等（2015）、Reichardt 等（2016）发现，基于价格的补贴政策为投资者提供了可预见的激励措施，更能激发可再生能源产业的技术创新活动。

综上所述，本书将研发质量作为政府支持影响企业绩效过程中的调节变量。且综合本书第二章及上述关于技术创新的相关理论分析可以得出，企业绩效这一衡量企业内部能力的指标与技术创新有着密切的联系，以企业研发质量为技术创新的分析重点，可以得出它们对高新技术企业的绩效具有一定的影响，以及技术创新在政府补贴、政策导向对企业绩效影响过程中起到调节作用。因此，提出如下理论假设：

假设 H3a：研发质量在政府竞争性补贴和普惠性补贴中对企业综合绩效具有正向调节作用。

假设 H3b：研发质量在避税活动和税收优惠中对企业综合绩效具有正向调节作用。

六、政策导向对企业综合绩效影响的差异性

技术创新是增强企业发展实力的重要驱动力，也是企业保持基业长青的关键因素。企业的创新活动使企业的产品能够保持竞争优势，为新产品占据市场主要份额提供重要保障。很多学者研究发现，技术创新活动在不同类型企业中发挥的作用存在差异性。

倪慧强（2020）发现，不同政府补贴路径对民营企业发展绩效的影响存在着双向效应，股权性融资对民营企业的经营绩效有显著的正向影响。王海花等（2020）发现，相较于国有企业，获得投资资金支持有助于扩大非国有企业的生产规模，提升企业的运营管理能力和盈利能力，加快企业的创新发展。金融支持更多地有助于提高非国有企业拓宽融资渠道和提升企业融资效率，还有助于增强非国有企业在人力、财务方面的研发投入。

从不同企业个体特征来看，邱风等（2021）发现，政府补贴能够打破小微企业在技术创新过程中的资金壁垒，有利于增加中小微企业的创新产出，并在一定程度上提升整个社会的创新水平。高霞等（2022）发现，政府补贴是区域绿色技术创新驱动路径的核心条件，且政府补贴对区域绿色技术创新的促进作用根据不同区域的研发投入和对外开放水平的差异存在不同。岳宇君等（2022）以2014—2019年我国创业板上市高新技术企业为研究样本，多元回归分析结果表明，政府补贴有助于创业板市场上高新技术企业增强技术创新能力。杨洋等（2015）指出，处于不同知识产权保护环境的企业，政策导向的实施效果存在差异，创新补贴可以通过弥补专利保护不充分以及优化产业发展环境等方式提高企业创新积极性，从而促进企业关键性技术研发。毛毅翀和吴福象（2022）发现，政府补贴在一定程度上对企业的技术创新活动起到激励作用，但对不同规模的企业影响效应存在差异。

假设H4a：国有企业和非国有企业政策导向对企业综合绩效的提升具有差异性。

假设H4b：不同规模企业政策导向对企业综合绩效的提升具有差异性。

七、研究假设汇总

综上所述，本书将政策导向分为政府补贴和税收优惠两个维度，将研发强度分为研发经费投入和研发人力投入两个维度。基于以上的维度来阐述政府补贴、税收优惠对企业研发资金投入和人力资本投入的影响，以及政府补贴和税收优惠对企业经营绩效和创新绩效的影响。政府补贴、税收优惠还会通过研发强度这一中介变量影响企业绩效以及企业之间作用效果的差异性。本书的假设汇总如表3-1所示。

表3-1　本书的假设汇总

假设编号	假设内容
假设H1a	政府竞争性补贴和普惠性补贴政策能够促进企业综合绩效的提升
假设H1b	税费减免、避税活动、税率优惠和税收优惠政策能够促进企业综合绩效的提升
假设H2a	政府补贴通过增加企业研发经费投入和研发人员投入作用于企业综合绩效的提升
假设H2b	税费优惠政策通过增加企业研发经费投入和研发人员投入作用于企业综合绩效的提升
假设H3a	研发质量在政府竞争性补贴和普惠性补贴中对企业综合绩效具有正向调节作用
假设H3b	研发质量在避税活动和税收优惠中对企业综合绩效具有正向调节作用
假设H4a	国有企业和非国有企业政策导向对企业综合绩效的提升具有差异性
假设H4b	不同规模企业政策导向对企业综合绩效的提升具有差异性

第三节　研究方法

本书采用文献研究法、统计法、实证分析法来探讨政府支持度、技术创新对企业绩效的影响机理。首先，通过系统梳理现有理论和相关文献，为研究框架的构建提供理论指引；其次，运用统计法收集关于政府补贴、税收优惠、研发强度与企业绩效四个变量的相关数据；最后，实证检验理论框架中设计的研究假设。因此，本书通过文献梳理、统计分析和实证检验的方法给研究内容的科学性与严谨性提供了多重保障。

一、文献研究法

文献研究法主要是指研读相关研究领域的文献成果，通过对研究内容相关信息的收集分析，对现有研究成果进行分类归纳。本书在研究过程中，通过查阅相关文献资料，收集有关政府补贴、政策导向、技术创新与企业绩效等多个方面的理论证据；明确相关理论的主要研究内容以及未来可能的研究方向，并对收集的资料进行梳理，同时对各个学者提出的不同观点进行分析，对当前在政府支持度、技术创新对企业绩效的影响机制等方面的研究方向、研究内容、研究进度等进行深入探讨。重点研究政府补贴、税收优惠和研发强度、企业绩效的作用机理，研发强度在政府补贴、税收优惠和企业绩效之间是否起到中介作用，从而构建本书的整体研究框架和政府支持度、技术创新对企业绩效影响的理论模型，为本书的研究奠定扎实的理论基础。获取资料的途径主要包括网络和图书馆，其中网络资料主要来自Wind、CSMAR等数据库。

二、统计法

问卷调查是本书的重要研究方法之一，在阅读相关文献的基础上收集、整理变量的指标体系，并结合本书的实际内容进行微调以设置符合本书的指标体系，随后根据研究对象进行统计分析，对数据资料进行描述性统计分析整理。首先，本书的调查对象是沪深上市 A 股高新技术企业，了解沪深上市 A 股高新技术企业近年来获得政府支持、企业自身技术创新活动和企业绩效的基本情况。其次，本书主要采用已有的文献中使用过的量表，再根据本书的内容作了一些调整。在选择指标体系过程中，极大地参考了前人的成果，尤其是从相关的博士论文中借鉴已有的指标体系，并与来自企业界的同行进行了充分交流，听取了他们宝贵的意见。最后，通过各类数据库搜集的权威资料进行统计分析，运用各类合适的回归模型进行实证研究，得出相应的研究结论。

三、实证分析法

实证分析法是在问卷调查所获取的数据资料基础上，首先通过数据的统计分析进行描述性统计，随后通过建立多元线性回归方程模型，运用 STATA 软件验证变量之间是否存在相关关系，以便检验概念模型及研究假设是否成立。首先对文献资料进行梳理进而构建出理论研究框架，通过对沪深上市 A 股高新技术企业相关数据进行调整修正，去除指标缺失的样本数据，最终得到统计口径一致且信息完全的 8365 份统计样本。根据调查结果分析其中存在的内在联系，以及沪深上市 A 股高新技术企业获得的政府支持度对企业绩效影响的机制，运用 STATA 软件进行分析，并通过描述性分析、相关性分析和多元线性回归分析检验各假设是否成立，并对研究结果进行解释，最终得出相应的结论。

本章小结

通过本书第二章对企业绩效、政府补贴、税收优惠、技术创新等理论及相关文献的研究梳理，本章进行研究方法论的阐述。本章运用的方法多样，各个方法皆能够论证本书的相关内容，并为研究内容的准确性提供多重保证。

首先，介绍本书的研究方法，这些方法包括文献研究法、统计法、实证分析法，根据高新技术企业发展的实际情况，运用文献研究法、统计法、实证分析法进行理论探索和实证的分析。其次，本章对企业绩效、政府补贴、税收优惠、研发强度四个变量做出相关的概念界定，并在前人研究的基础上，总结和提炼上述四个变量的测量维度。再次，根据企业绩效、政府补贴、税收优惠、研发强度四个变量的测量维度，进行指标体系的设计和研究样本的确定。在设计的指标体系的基础上，进一步明确调查对象及目的，确定研究方法及样本容量，利用STATA软件将所获得的样本数据进行描述性统计和样本回归检验，为后文的实证检验提供坚实的基础。另外，阐述数据的采集过程与结果，主要介绍企业性质、是否为高新技术企业、企业所属行业、企业经营年限、企业员工人数、企业资产总额等信息。最后，介绍本书采用的研究方法：文献研究法、统计法、实证分析法。

第四章
政策导向、研发活动与企业绩效

Innovation Management of High-tech Enterprises

本章首先对指标体系进行介绍，包括企业绩效、政府补贴、税收优惠、研发活动、企业样本特征等信息。其次，实证检验政府竞争性补贴、政府普惠性补贴、税收优惠、税费减免、税率优惠、避税活动对企业创新绩效和经济效益的影响。此外，对实证结果的可靠性、科学性和客观性进行稳健性检验，验证假设的准确性。最后，通过对这些回归效应的国有企业和非国有企业间异质性进行检验，并进行理论和研究发现的论述。

第一节　研究设计

一、企业性质

基于本书第三章提出的研究假设，设计相应的指标体系对研究假设进行实证检验，进一步分析数据，验证研究假设的准确性。数据来源于 Wind、CSMAR 数据库，为沪深上市 A 股高新技术企业数据，研究年份为 2011—2021 年，为了确保数据的科学性和合理性，去除 ST、S 和金融类企业，剔除专利申请量缺失的企业，最后由 2264 个高新技术企业 8365 份研究样本组成。

在沪深上市 A 股高新技术企业的研究样本中，所属企业为国有企业的样本有 2361 份，占比为 28.2%；所属企业为非国有企业的有 6003 份，占比 71.8%，覆盖范围涉及电子信息、生物医药、新材料、光机电、新能源、环保、现代装备等高新技术企业。

二、指标设计

政府支持是政府支持高新技术企业高质量发展的重要政策工具，有利于提升高新技术企业进行技术创新活动的信心。政府支持与企业技术创新有着密不可分的关系。本节根据实证研究和已有文献，以及相关的政府支持和企业创新绩效理论论述，探究政府支持与企业创新绩效的关系模型。

本书的指标体系如表 4-1 所示，被解释变量为企业创新绩效和企业经济效益，分别由企业申请专利数和主营业务增长率等表示。解释变量为政府支持力度，将政府支持细分为政府补贴（GS）和税收优惠（TI）两个方面去衡量。政府补贴包含竞争性补贴和普惠性补贴，竞争性补贴是政府创新补贴，普惠性补贴是政府普惠性补贴。税收优惠包含税费减免、避税活动、税率优惠、税费优惠。税费减免是指收到的税费返还 ÷（支付的各项税费 + 收到的税费返还）；避税活动等于扣除应计利润影响之后的会计 – 税收差异；税率优惠是名义所得税税率与实际税率之差的五年平均值；税费优惠是指所得税费用 ÷ 企业所得税税率 ×（25% – 企业所得税税率）。研发活动为中介变量，分为 R&D 经费投入、企业研发人员研发产出、平均创新质量三个维度。控制变量为企业规模、企业年限和市场竞争程度,企业规模用期末总资产取对数表示,企业年限为自企业成立至当年的时间,市场竞争程度用企业销售费用占营业收入的比率表示。企业性质分为国有企业和非国有企业。根据所获得的 8365 份样本数据进行实证研究,分析政府支持对企业创新绩效和企业经济效益的关系。

表 4-1 指标体系

变量类别	变量名称	变量代码	变量说明
被解释变量	企业创新绩效	创新绩效	企业申请专利数
	企业经济绩效	成长能力	主营业务增长率
		盈利能力	净资产收益率
		偿债能力	资产负债率
		营运能力	总资产周转率
解释变量	政府补贴	竞争性补贴	政府创新补贴
		普惠性补贴	政府普惠性补贴
	税收优惠	税费减免	收到的税费返还 ÷(支付的各项税费 + 收到的税费返还)
		避税活动	扣除应计利润影响之后的会计 – 税收差异
		税率优惠	名义所得税税率与实际税率之差的五年平均值
		税费优惠	所得税费用 ÷ 企业所得税税率 ×(25% – 企业所得税税率)
中介变量	研发活动	研发绩效	R&D 经费投入
			企业研发人员研发产出
			平均创新质量
控制变量		企业规模	期末总资产取对数
		企业年限	自企业成立至当年的时间
		市场竞争程度	企业销售费用占营业收入的比率

三、指标描述性统计

表 4-2 是各变量描述性统计分析结果，8365 份研究样本涵盖的范围较为广泛，企业专利申请数差异性较大。企业年营业收入增长率均值为 0.2092701，方差较大。总资产周转率均值 0.6378995，企业间再生产能力较稳定。净资产收益率均值 0.0970447，企业盈利能力差异较小，资产负债率均值为 0.356493，企业间偿债能力差异性较大，政府竞争性补贴和普惠性补贴企业间差异性较大。税费减免、避税活动、税率优惠企业间差异性较小，税费优惠企业间差异性较大。不同企业研发强度投入差异性较大，企业的平均研发质量差异性较小。总体而言，研究样本企业的经营绩效、经营规模、成立时间涵盖大部分高新技术企业类型，说明研究样本具有范围的广泛性和研究结果的普适性。

表 4-2 变量描述性统计结果

变量名称	均值	方差	最小值	最大值
企业申请专利数（项）	83.83071	337.0233	1	14953
企业营业收入增长率	0.2092701	0.3487239	−0.659698	4.33035
总资产周转率	0.6378995	0.3278829	0.058869	2.90219
净资产收益率	0.0970447	0.0717207	−0.0802	1.1592
资产负债率	0.356493	0.1766399	0.011054	0.956045
政府竞争性补贴（元）	8564003	38500000	−12000000	1700000000
政府普惠性补贴（元）	31900000	117000000	−9494553	4720000000
税费减免	−0.003281	0.0246698	−0.0973178	0.1341439
避税活动	−0.0082507	0.0583554	−0.3155448	0.1754178

续表

变量名称	均值	方差	最小值	最大值
税率优惠	0.1715771	0.1979735	0	0.824809
税费优惠（元）	36900000	158000000	-2940000000	5080000000
R&D 经费投入（元）	177000000	536000000	3000	20600000000
企业研发人数（人）	841	30522.79	4	3903909
平均研发质量	0.6365613	0.2667142	0	2.632543
企业规模（元）	6790000000	22700000000	246000000	919000000000
企业年限（年）	17.76889	5.735221	3	66
市场竞争水平	0.0817895	0.089223	0	0.729591

第二节 政策导向对企业综合绩效影响

一、分析

政府政策支持对高新技术企业提升创新活力和优化资源配置具有重要的推动作用。因此，本节主要分析政府补贴和税收优惠与企业绩效之间的相关关系。综合本书第二章以及上述相关理论的分析，可以得出政策导向与企业绩效存在一定的联系。本书将政策支持划分为税收优惠政策、政府补贴政策，将企业综合绩效划分成企业创新绩效和企业经济绩效两个维度，并利用 8365 份有效样本数据实证研究政策导向与企业绩效的相关关系。

二、基准回归

为了解决模型内生性问题，保证本书实证结果的科学可靠性，分别采用OLS估计、随机效应面板模型和双向固定效应的面板模型进行实证分析，对企业创新绩效与政府政策导向、政府补贴和税收优惠水平之间的关系进行回归。将企业综合绩效作为被解释变量，政府竞争性补贴、普惠性补贴和税收、税率优惠、税费减免、避税活动作为解释变量，企业规模、企业年限、市场竞争程度、企业性质作为控制变量做面板回归分析，将所有解释变量的滞后期作为工具变量，将所有时间虚拟变量加以控制来捕捉经济周期的影响。本书采用了OLS、RE随机效应和FE双向固定效应模型分析政府支持对企业综合绩效的支持力度，估计结果如表4-3所示。

表4-3 政府支持与企业综合绩效的回归分析结果

企业综合绩效	最小二乘回归 不含控制变量	最小二乘回归 含控制变量	随机效应模型	个体固定效应	双向固定效应
政府竞争性补贴	0.001* （1.77）	0.001*** （3.24）	0.001*** （2.92）	0.001*** （3.67）	0.001** （2.37）
政府普惠性补贴	0.005*** （8.12）	0.004*** （6.35）	0.001 （0.81）	0.001*** （7.98）	0.001 （1.21）
税费减免	0.08*** （3.00）	0.001 （0.02）	0.066*** （3.66）	0.052* （1.80）	0.074*** （3.87）
避税活动	0.039*** （3.11）	0.085*** （8.33）	0.07*** （7.83）	0.025* （1.69）	0.065*** （6.61）
税率优惠	0.006 （1.48）	0.017*** （5.99）	0.001 （0.10）	0.004 （0.65）	0.009** （2.22）

续表

企业综合绩效	最小二乘回归 不含控制变量	最小二乘回归 含控制变量	随机效应模型	个体固定效应	双向固定效应
税费优惠	0.001*** (14.22)	0.009*** (16.48)	0.01*** (22.97)	0.001 (0.09)	0.011*** (21.80)
企业规模	—	0.015*** (15.70)	0.012*** (12.00)	0.016*** (8.58)	0.007*** (4.81)
企业年限	—	0.001 (1.40)	0.001 (1.01)	0.004*** (11.06)	0.007*** (25.52)
市场竞争程度	—	−0.026*** (−4.02)	−0.037*** (−4.23)	−0.006 (−0.33)	−0.046*** (−3.57)
企业性质	—	0.003*** (2.78)	0.004* (1.78)	—	—
常数	0.008 (0.81)	0.426*** (32.59)	0.312*** (18.33)	0.192*** (5.18)	0.09*** (3.67)

注：*、**、*** 分别表示在 10%、5%、1% 的水平上显著；FE 和 OLS 模型括号内是 T 统计量，RE 模型括号内是 Z 统计量。

经过模型回归结果可知，OLS、RE 随机效应、FE 双向固定效应模型检验结果基本一致。首先，政府竞争性补贴在 1% 的显著水平下对企业创新绩效的提升有正向影响，政府普惠性补贴作用效果显著性不稳健；税收优惠政策在 1% 的显著水平下对企业综合绩效的提升有正向影响，税费减免作用显著性最强，其次是避税活动和税费优惠政策，税率优惠对企业综合经营绩效提升程度不稳健。政府支持对企业创新绩效提升起着至关重要的作用，说明政府补贴能有效地为企业提供资金支持，税收优惠能为企业研发创新降低成本。从控制变量来看，企业规模越大对企业创新绩效提升作用越显著，说明大企业更有资本开展科技创新，同时市场竞争越激烈企业更愿意通过科技创新活动提升自己核心竞争力；从企业的性质来看，国有企业和非国有企业在政策导向促进创新绩效提升程度上存在较显著的差异性。综上所述，本书选取的被解释变量企业创新绩效与解释变量政府补贴和税收优惠政策之间存在显著的正相关关系，其中税收优惠对企业创新绩效提升的作用大于政府补贴政策。

三、结果

本节通过设置指标体系分析政府竞争性补贴、政府普惠性补贴、税费减免、避税活动、税率优惠、税费优惠分别对企业综合绩效的影响效果。经过实证回归模型发现，政府竞争性补贴通过为企业研发活动提供资金支持，为企业研发创新提供兜底保障，能够促进企业创新绩效提升；税收优惠可以为企业研发创新降低成本，企业有更多资金投入科技创新领域，从而促进企业创新绩效的提升，并且规模越大、资产越丰厚的企业创新绩效越高。创新是企业发展的第一动力，在市场竞争的大环境中，企业更有动力提高产品科技创新含量、降低被替代性，同时政策导向对非国有企业和国有企业存在差异，进而导致对企业创新绩效作用效果也不同。

实证研究结果证明，政策导向在促进企业创新能力提升的同时，也能有效促进企业经营效益提升，说明科技创新是企业生产经营的源泉动力，政府补贴和税收优惠政策在为企业提供资金支持、降低研发成本的同时，也促进企业经济效益的提升，其中政府补贴对企业创新绩效作用大于税收优惠，税收优惠对企业经营绩效提升作用大于政府补贴。规模大、成立的时间长的企业在行业内占据一定的市场地位，其经济效益显著较好，实证研究也发现经济效益越好的企业负债率越高，说明其有更大意愿去承担高风险科技创新活动。同时也发现不同的企业类型、政策导向对企业经营绩效的作用效果存在显著的差异性。

通过政策导向与企业绩效的相关关系以及多元回归分析可以获得如下结论：政策导向与其下属两个维度，政府补贴、税收优惠与企业综合绩效都显著相关。在此基础上，对假设进行如下总结。

假设H1a成立，政府竞争性补贴和普惠性补贴政策能够促进企业综合绩效提升。

假设H1b成立，税费减免、避税活动、税率优惠和税费优惠政策能够促进企业综合绩效提升。

四、探讨

政策导向与企业绩效多元回归分析的实证研究结果充分说明了政策导向与企业绩效之间的关系：政策导向与企业绩效间存在显著的正相关关系，以及税收优惠政策、政府补贴政策两个维度都对企业绩效呈现出显著的正向影响。说明政府在制定政策时，应将税收优惠政策、政府采购政策和金融支持政策纳入考虑范围，以提升高新技术企业绩效。

前期研究发现，目前政府补贴、税收优惠、政府采购、金融支持等政策对高新技术企业的绩效提升都具有重要影响作用，研究大多表明政策导向对企业绩效产生正向影响,在政府政策的合理引导下,企业绩效也会相应地得到改善。例如,税收优惠政策有利于减轻企业的成本费用,刺激企业加强创新能力,增强创新成果转化效率,以便提升企业的经营绩效。Edler 和 Fagerberg(2017)指出,政府支持政策为改善公共基础设施和公共服务提供了强大的潜力,即政府采购可以营造稳定的市场环境,创造新的市场需求,有利于提高企业绩效。政府支持作为政府引导高新技术企业发展的重要财政支持方式,政府补贴能够直接增加企业研发的资金、保障企业绩效平稳增长,税收优惠能降低企业研发成本。

本节从已有文献以及相关的政府干预理论展开论述,探究政府支持与企业绩效的关系模型。实证分析表明:政府支持及其两个维度——政府补贴和税收优惠政策都对企业综合绩效存在正向影响。因此,政府可以从政府补贴和税收优惠两个视角制定相关政策,分别从不同的角度提升高新技术企业的绩效水平。

第三节 稳健性检验

为了保证实证结果的科学可靠性,对政府支持与企业创新绩效、企业经济效益之间的关系进行稳健性检验。本书采用更换度量指标、内生性问题、倾向得分匹配三种方法对基准回归结果进行了稳健性检验。

一、更换度量指标

该部分更换被解释变量，用现金流比率（Cashflow）即经营活动产生的现金流量净额除以总资产代替熵权法计算出的企业综合绩效值，分别采用混合回归、随机效应、双向固定效应模型做面板回归分析。稳健性检验回归分析结果如表4-4所示，检验结果与基准回归基本一致，实证结果具有稳健性，对数据变量进行上下1%缩尾处理，回归结果依然稳健。

表4-4 稳健性检验回归分析结果

企业综合绩效	最小二乘回归 不含控制变量	最小二乘回归 含控制变量	随机效应模型	个体固定效应	双向固定效应
政府竞争性补贴	0.001** （2.15）	0.001*** （2.63）	0.001*** （2.63）	0.001 （0.40）	0.001 （0.47）
政府普惠性补贴	0.005*** （5.95）	0.005*** （5.33）	0.005*** （5.33）	0.003** （2.55）	0.001** （2.41）
税费减免	0.001 （1.24）	0.006*** （4.38）	0.006*** （4.38）	0.015** （6.41）	0.003*** （6.31）
避税活动	0.001*** （6.17）	0.001*** （4.11）	0.001*** （4.11）	0.003*** （6.37）	0.003*** （6.21）
税率优惠	0.056*** （5.17）	0.056*** （4.72）	0.056*** （4.72）	0.037 （1.64）	0.061*** （2.67）
税费优惠	0.01*** （4.01）	0.008*** （3.21）	0.008*** （3.21）	0.001*** （7.06）	0.001*** （8.08）
企业规模	—	0.293*** （9.64）	0.293*** （9.64）	0.235*** （6.78）	0.238*** （6.93）
企业年限	—	0.009 （0.61）	0.009 （0.61）	0.003 （0.18）	0.022 （1.26）

续表

企业综合绩效	最小二乘回归 不含控制变量	最小二乘回归 含控制变量	随机效应模型	个体固定效应	双向固定效应
市场竞争程度	—	-0.009 (-1.82)	-0.009 (-1.82)	-0.021*** (-2.94)	-0.019*** (-2.73)
企业性质	—	0.001*** (8.67)	0.001*** (8.67)	—	—
常数	0.005 (0.26)	0.102*** (4.43)	0.102*** (4.43)	0.298*** (6.85)	0.279*** (6.23)

注：*、**、*** 分别表示在10%、5%、1%的水平上显著；FE 和 OLS 模型括号内是 T 统计量，RE 模型括号内是 Z 统计量。

二、考虑内生性

删除政府补贴、税收优惠为0和存在缺失值的数据后，得到了6764份研究样本。通过理论机制分析可知，政府政策导向能够为企业研发创新提供资源支持，降低企业经营成本。同时，企业综合绩效较好的企业有更多资源投入研发创新领域，从而促进企业创新绩效提升，进一步改善经营状况，促进企业可持续发展。所以政策导向对企业综合绩效影响可能存在逆向因果关系，导致内生性问题。因此，本章选择将政府竞争性补贴、政府普惠性补贴、税收优惠分别滞后一期、滞后二期和滞后三期，再进行稳健性检验。从回归结果（见表4-5）可知，在政府补贴和税收优惠政策导向滞后一期、滞后二期和滞后三期的样本中，仍能显著增加企业综合绩效值，促进企业可持续经营。通过相关分析和回归分析得知本书的假设基本成立，证实了前文的研究模型，为本书的理论研究提供了实证支撑，丰富了现有研究的内容。

表 4-5　内生性检验结果

企业综合绩效	滞后一期	滞后二期	滞后三期
政府竞争性补贴	0.002*** (2.81)	0.001 (0.14)	0.001 (0.82)
政府普惠性补贴	0.005*** (3.94)	0.003*** (2.98)	0.003* (1.78)
税费减免	0.049 (1.38)	0.022 (0.70)	0.013 (0.48)
避税活动	0.031 (1.56)	0.053*** (3.03)	0.008 (0.74)
税率优惠	0.003 (0.36)	0.013** (2.07)	0.001 (0.24)
税费优惠	0.002** (2.08)	0.005*** (5.22)	—
企业规模	0.003 (1.20)	0.018*** (7.25)	0.001 (0.19)
企业年限	0.004*** (7.77)	0.007*** (14.04)	0.022 (0.61)
市场竞争程度	−0.263*** (−8.69)	−0.123*** (−4.50)	−0.295*** (−6.48)
常数	0.126** (2.55)	0.028 (0.60)	0.171** (2.07)

注：*、**、*** 分别表示在 10%、5%、1% 的水平上显著；括号内是 T 统计量。

三、倾向得分匹配

由上文分析可知，政府政策导向与企业综合绩效可能存在因样本自选择和选择偏差引起的内生性问题。因此，下面选用倾向得分匹配（PSM）方法进行稳健性检验。以本章使用的方法来设定政府竞争性补贴、政府普惠性补贴、税费优惠、税费减免、避税活动和税率优惠处理变量，将样本分为前 50% 和后 50%、前 25% 和后 25% 两个对照组，再用 1 对 1 有放回匹配、卡尺匹配和核匹配的方法进行 PSM 检验。根据表4-6的检验结果可知，政府政策导向能显著增加企业的综合绩效，促进企业可持续经营。而且从ATT值的大小对比来看，当处理变量以R&D补贴前25%分位为0、后25%分位为1的方式设定时，ATT值最大，即政府政策导向对企业综合绩效的提升效果更明显。

表4-6 考虑内生问题的PSM稳健性检验

企业综合绩效		1对1有放回匹配	卡尺匹配	核匹配
前50%分位为0，后50%为1	政府竞争性补贴	0.085** (2.89)	0.085*** (4.04)	0.085*** (4.36)
	政府普惠性补贴	0.083 (1.72)	0.082** (2.77)	0.082*** (3.01)
	税费减免	0.097*** (3.23)	0.097 (0.31)	0.097 (1.38)
	避税活动	0.096** (2.32)	0.096*** (4.91)	0.096*** (3.01)
	税率优惠	0.093*** (3.12)	0.093 (1.14)	0.093 (1.17)
	税费优惠	0.079*** (8.13)	0.078*** (6.31)	0.078*** (8.58)
前25%分位为0，后25%为1	政府竞争性补贴	0.084** (2.33)	0.084** (2.23)	0.084** (2.87)
	政府普惠性补贴	0.078 (1.07)	0.078 (1.48)	0.079** (2.57)
	税费减免	0.094** (2.41)	0.094*** (3.41)	0.094** (2.06)
	避税活动	0.100** (2.53)	0.100** (2.53)	0.100** (2.06)
	税率优惠	0.089* (1.91)	0.090*** (3.71)	0.090*** (5.18)
	税费优惠	0.077*** (3.68)	0.078*** (4.38)	0.077*** (6.28)

注：*、**、***分别表示在10%、5%、1%的水平上显著；括号外是ATT统计量，括号内是T统计量。

四、结论

通过政府支持与企业创新绩效的基准回归分析和稳健性检验可以得出以下结论,政府补贴和税收优惠都能够为企业提供良好的研发环境,提供更多资金支持,降低研发成本,为企业研发提供兜底保障,促进企业综合绩效的提升。从控制变量可以证实企业资产规模与企业创新绩效、企业经济效益在 1% 的显著水平下正相关,资产规模大的企业有更多经济资源投入研发领域,增加研发强度促进企业创新绩效提升。同时企业成立年限在 1% 的显著水平下与企业税收优惠呈正相关,成立时间越长的企业在行业中越容易形成品牌效应,对其经济效益有正向作用。

通过稳健性检验再次验证了政府支持与企业创新绩效和企业经济效益之间的关系。政府补贴和税收优惠都对企业创新效率存在显著的正向影响。政府在制定相关的补贴政策时可以从政府普惠性补贴、政府竞争性补贴两个方面并驾齐驱,并配合使用针对性、普惠性的税收优惠政策。总体而言,稳健性检验结果与基准回归得到的结果没有较大的差异,所以模型指标与数据选取具有一定的合理性,实证结果具有科学、客观、可靠性。

本节通过设置指标体系构建实证模型,分析政府补贴、税收优惠政策对企业绩效的影响。通过政策导向、研发强度与企业绩效的相关分析和多元回归分析,证实了政策导向与企业绩效之间的关系。其中，政策导向的政府补贴政策、税收优惠政策对技术创新都存在显著的正向影响。政府在制定相关高新技术企业的政策时，可以从政府补贴、税收优惠、金融支持三个方面开展工作。

首先，本章在第二章的文献研究和第三章的理论假设、研究方法介绍的基础上设定指标体系，收集我国沪深上市A股高新企业相关数据，介绍被调查企业性质、企业所属行业、企业经营年限、企业员工人数、企业资产总额等。其次，在获得数据的基础上，进行相关性分析和回归分析，验证变量间的相关关系和回归模型的系数大小，从而验证假设是否成立。再次，对研究结果进行讨论，本书共提出了四个假设并得到了验证。最后，梳理了前期研究的发现和相关的文献综述，对政府补贴、税收优惠和企业绩效之间的相互关系及作用机理进行了深入的研究探讨。

通过以上的统计分析得出研究结论，政府财政补贴和税收优惠都能有效促进企业创新绩效提升，其中政府补贴对企业创新绩效提升作用效果更强。同时，政府补贴、税收优惠政策能够有效促进企业经营绩效提升，其中税收优惠更能够通过降低企业经营成本促进企业经营绩效提升。因此，我国高新技术企业作为技术创新的主体，企业的创新活动影响国家创新的发展。政府应通过一系列政策措施对企业创新予以支持，逐步完善税收优惠政策、政府采购政策、金融支持政策，为提升高新技术企业的技术创新活力和提高企业绩效提供必要的政策支持和保障，降低企业生产经营和研发成本。

第四节　研发活动作用机制检验

政策导向是高新技术企业把握正确发展方向的风向标，是企业进行技术创新的制度保障，关乎企业的健康平稳发展，与企业技术创新有密不可分的关系。本书第三章分析了政策导向对企业绩效的作用效果，得出政府补贴和税收优惠的政策导向能够显著促进企业综合绩效提升，并且不同类型的企业作用效果存在差异性的结论。本节根据实证研究、已有文献、相关的政策导向和技术创新理论论述，探究政策导向对企业研发投入的影响，研发强度在政府支持企业综合绩效提升的中介作用，以及非国有企业和国有企业政策导向、研发强度与企业绩效之间的差异性。

一、中介效应检验

根据本书第二章、第三章相关理论和研究假设的论述可知，政策导向对企业研发强度投入存在正向影响，且研发强度在政策导向与企业绩效之间扮演中介角色。本节将采用 Bootstrap 抽样方法检验技术创新在政策导向与企业绩效之间的中介效应。本书将政策导向细分为政府补贴、税收优惠两方面，将研发强度细分为 R&D 经费投入和企业研发人数两个维度，分析政策导向是如何作用于研发强度从而促进企业综合绩效提升的。政策导向机制发挥作用主要体现在，政府的政策导向通过研发补贴为企业提供资金支持，通过税收优惠降低企业研发成本，从而增加企业研发意愿，投入更多人力、财力进行科技创新活动，表现为研发强度的加大促进企业综合绩效的提升。研发强度指标用研发经费投入和研发人员数量来表示。本章利用8365份样本数据，运用Bootstrap法进行实证研究，并根据企业类型进行差异性检验。

表4-7为企业创新绩效的中介效应检验结果，研发经费投入和研发机构人数的中介效应在95%的置信区间里显著不为0，说明存在研发强度的完全中介效应。政府竞争性补贴对企业研发投入强度存在正向影响，政府竞争性补贴政策通过增加研发经费投入和增加研发人员数量提升企业创新绩效，其中研发投入中介效应占比为50%，研发机构人数中介效应占比为50%。普惠性政府补贴对企业创新绩效的中介效应在95%的置信区间里显著不为0，说明政府普惠性补贴政策在研发机构人数上存在完全中介效应，政府普惠性补贴可以提升研发机构人数从而促进企业创新绩效的提升。

表4-7 政府补贴中介效应检验结果

中介变量	效应	政府竞争性补贴	政府普惠性补贴
研发经费投入	中介效应	1.06×10^{-10}*** （3.84）	9.59×10^{-11}*** （4.25）
	直接效应	2.14×10^{-10}*** （2.89）	4.89×10^{-11} （1.40）
	中介效应占比	50%	50%
研发机构人数	中介效应	6.90×10^{-11}** （2.81）	4.665×10^{-11}*** （4.35）
	直接效应	2.51×10^{-10}*** （3.56）	9.815×10^{-11}*** （2.95）
	中介效应占比	50%	50%

注：***、**、*分别表示在1%、5%和10%的统计水平上显著，括号内为Z统计量。

表 4-8 结果显示税收优惠政策在企业综合绩效中介效应检验结果，研发经费投入和研发机构人数的中介效应在 95% 的置信区间里显著不为 0，说明存在研发强度的完全中介效应，税收优惠政策对企业研发投入存在正向影响。税费减免政策通过增加研发经费投入和增加研发人员数量提升企业经营绩效，其中研发投入中介效应占比为 78.20%，研发机构人数中介效应占比为 21.80%。税费减免政策主要通过增加企业研发经费投入从而促进企业综合绩效的提升。

表 4-8 税收优惠中介效应检验结果

中介变量	效应	税费减免	税率优惠	避税活动	税费优惠
研发经费投入	中介效应	0.037*** （3.38）	0.037*** （5.83）	0.006*** （3.76）	6.51×10^{-11}*** （6.05）
	直接效应	−0.067** （−2.90）	0.008 （0.68）	0.009** （2.79）	8.49×10^{-12} （0.47）
	中介效应占比	78.20%	50.56%	51.72%	50.00%
研发机构人数	中介效应	0.010 （1.34）	0.018*** （4.56）	0.006*** （4.66）	2.62×10^{-11}*** （4.06）
	直接效应	0.019*** （4.03）	0.026* （2.30）	0.008** （2.60）	4.74×10^{-11}** （2.62）
	中介效应占比	21.80%	49.44%	48.28%	50.00%

注：***、**、* 分别表示在 1%、5% 和 10% 的统计水平上显著，括号内为 Z 统计量。

税率优惠对企业创新绩效中介效应在 95% 的置信区间里显著不为 0，说明税率优惠在研发强度上存在完全中介效应，税率优惠对企业研发投入存在正向影响。税率优惠政策可以提升研发机构人数从而促进企业创新绩效提升。税率优惠通过增加企业研发经费投入和增加研发机构人数提高企业创新绩效。其中，增加研发经费投入中介效应占比为50.56%，增加研发机构人数中介效应占比为49.44%，说明政府税率优惠政策主要通过增加研发经费投入作用于企业创新绩效。

避税活动对企业创新绩效中介效应在95%的置信区间里显著不包含0，说明避税活动在研发强度上存在完全中介效应，避税活动对企业研发投入存在正向影响。避税活动可以提升研发机构人数从而促进企业创新绩效的提升。避税活动通过增加企业研发经费投入和增加研发机构人数提高企业创新绩效。其中，增加研发经费投入中介效应占比为51.72%，增加研发机构人数中介效应占比为48.28%，说明政府避税活动政策主要通过增加研发经费投入作用于企业创新绩效。

税费优惠对企业创新绩效中介效应在95%的置信区间里显著不为0，说明税费优惠在研发强度上存在完全中介效应，税费优惠对企业研发投入存在正向影响。税费优惠通过增加企业研发经费投入和增加研发机构人数提高企业创新绩效。其中，增加研发经费投入中介效应占比为50.00%，增加研发机构人数中介效应占比为50.00%，说明增加研发经费投入和增加研发人员投入对政府税收优惠政策作用于企业创新绩效的效果相同。

二、调节效应检验

研发效率能够促进企业对政府政策导向的合理利用，并转化为有效产出，提高企业综合绩效。本节从研发效率角度进一步探究企业研发平均创新质量在政策导向与企业综合绩效之间的调节效应，平均创新质量为下一年企业申请专利的平均他引次数加 1 的自然对数。采用了双向固定效应模型探究企业研发平均创新质量在政府支持对企业综合绩效的调节效应，估计结果如表 4-9 所示。

表 4-9　研发质量在政府补贴与企业综合绩效的调节效应

企业综合绩效	竞争性补贴	普惠性补贴
政府竞争性补贴	0.001 （0.20）	0.001 （0.42）
政府普惠性补贴	0.002* （1.86）	0.002* （1.89）
研发质量	0.005** （2.30）	0.005** （2.42）
竞争性补贴 × 研发质量	0.002* （1.70）	—
普惠性补贴 × 研发质量	—	0.005*** （3.67）
企业规模	0.017*** （9.86）	0.017*** （9.80）
企业年限	0.004*** （11.27）	0.004*** （11.25）
市场竞争程度	−0.004 （−0.22）	−0.003 （−0.16）
常数	0.239*** （7.49）	0.235*** （7.39）

注：*、**、*** 分别表示在 10%、5%、1% 的水平上显著；括号内是 T 统计量。

经过调节效应检验结果可知，研发质量在竞争性补贴对企业综合绩效之间存在正向调节作用，政府竞争性补贴在企业研发效率提升的调节作用下促进企业经营绩效的提升。政府普惠性补贴在研发质量的调节作用下促进企业综合绩效的提升，说明政府的补贴政策在企业研发效率提升的情况下对企业经营绩效有正向影响。其中，研发质量在政府普惠性政策导向的调节作用下对企业综合绩效的作用更大。从控制变量来看，企业规模越大对企业综合绩效提升的作用越显著，说明大企业的经营绩效更好，同时企业成立时间越长越容易形成品牌效应，对企业经营效益的作用效果更显著。企业年限对企业综合绩效的作用效果存在差异性。综上所述，本书选取的被解释变量（企业综合绩效）与解释变量（政府竞争性补贴和政府普惠性补贴政策）之间存在显著的正相关关系，其中研发质量对企业综合绩效提升存在调节效应。

表4-10所示为研发质量在税收优惠与企业综合绩效之间的调节作用。经过调节效应检验结果可知，研发质量在税费减免和税率优惠对企业综合绩效之间不存在调节作用，研发质量在避税活动对企业综合绩效提升存在正向调节作用，企业的避税行为在研发效率提升的情况下促进企业综合经营绩效提升。税费优惠在研发质量的调节作用下促进企业综合绩效提升，说明政府的税收优惠政策在企业研发效率提升的情况下对企业经营绩效有正向影响。其中，研发质量在企业避税行为的调节作用下对企业综合绩效作用效果更大。从控制变量来看，企业规模越大对企业综合绩效提升的作用越显著，说明大企业的经营绩效更好，同时企业成立时间越长越容易形成品牌效应，对企业经营效益的作用效果更显著。企业年限也会影响政策导向，对企业综合绩效的作用效果存在差异性。综上所述，本书选取的被解释变量（企业

综合绩效）与解释变量（税收优惠政策）之间存在显著正相关关系，其中研发质量对企业综合绩效的提升存在调节效应。

表 4-10 研发质量在税收优惠与企业综合绩效的调节效应

企业综合绩效	税费减免	避税活动	税率优惠	税费优惠
税费减免	0.052* （1.79）	0.050* （1.71）	0.051* （1.72）	0.051* （1.75）
避税活动	0.023 （1.55）	0.018 （1.21）	0.025 （1.64）	0.025* （1.67）
税率优惠	0.005 （0.78）	0.005 （0.75）	0.005 （0.78）	0.005 （0.76）
税费优惠	0.001 （0.04）	0.001 （0.03）	0.001 （0.09）	0.001 （0.17）
研发质量	0.006** （2.42）	0.006** （2.38）	0.006** （2.36）	0.006** （2.37）
税费减免 × 研发质量	0.125 （1.51）	—	—	—
避税活动 × 研发质量	—	0.089** （2.40）	—	—
税率优惠 × 研发质量	—	—	0.004 （0.35）	—
税费优惠 × 研发质量	—	—	—	0.001* （2.30）
企业规模	0.017*** （9.16）	0.017*** （9.05）	0.017*** （9.13）	0.017*** （9.17）
企业年限	0.003*** （9.46）	0.003*** （9.38）	0.003*** （9.45）	0.003*** （9.47）
市场竞争程度	−0.001 （−0.05）	−0.001 （−0.01）	−0.002 （−0.10）	−0.002 （−0.11）
常数	0.223*** （6.06）	0.219*** （5.94）	0.222*** （6.02）	0.223*** （6.06）

注：*、**、*** 分别表示在 10%、5%、1% 的水平上显著；括号内是 T 统计量。

三、结论

政府为企业提供财政资金支持的根本目的在于增强研发人员的积极性，激发创新思维，从而不断地克服创新过程中的艰难险阻，为提升企业绩效提供重要保障，为建设科技型强国提供坚实的基础。

通过研发强度、政策导向与企业绩效的中介效应检验可以获得如下结论：

第一，政府补贴和税收优惠都可以显著地促进企业增加研发经费投入和研发人员投入，政策导向对研发强度有正向影响，政策导向对企业绩效有正向影响，所以政策导向可以通过研发强度作用于企业绩效，研发强度在政策导向与企业绩效关系之间起到中介作用。

第二，研发强度中介效应的实证分析结果表明，研发的经费投入和人员投入对政策导向与企业绩效之间的关系起到中介作用。也就是说，政策导向不仅可以直接促进企业绩效的提升，还可以通过增加研发强度间接地促进企业绩效的提升。

第三，通过政府补贴、税收优惠、研发强度与企业综合绩效的实证研究分析可以获得如下结论，政策导向对企业研发强度存在正向影响，研发强度在政策导向和企业绩效之间起完全中介作用，政府补贴和税收优惠政策主要通过增加企业研发经费投入提升企业综合绩效。

通过研发质量、政策导向与企业绩效的调节效应检验可以获得如下结论。

第一，研发质量在竞争性补贴和普惠性补贴对企业综合绩效之间存在正向调节作用，政府竞争性补贴在企业研发效率提升的调节作用下促进企业经营绩效的提升。

第二，研发质量在税收优惠与企业综合绩效之间具有调节作用。经过调节效应检验结果可知，研发质量在税费减免和税率优惠对企业综合绩效之间不存在调节作用，研发质量在避税活动对企业综合绩效提升存在正向调节作用，企业的避税行为在研发效率提升的情况下促进企业综合经营绩效的提升。

假设 H2a 成立：政府补贴通过增加企业研发经费投入和研发人员投入作用于企业综合绩效的提升。

假设 H2b 成立：税收优惠政策通过增加企业研发经费投入和研发人员投入作用于企业综合绩效的提升。

假设 H3a 成立：研发质量在政府竞争性补贴和普惠性补贴中对企业综合绩效具有正向调节作用。

假设 H3b 成立：研发质量在避税活动和税费优惠中对企业综合绩效具有正向调节作用。

四、探讨

基于资源基础观，企业为了提升市场地位，往往比较重视企业的技术创新活动，通过研发获得差异化产品，以提高自身的竞争优势和企业绩效。由于信息不对称使投资者对企业信息了解不全，导致投资者对企业的投资有限。同时，技术创新活动存在风险性和不确定性，企业抗风险能力差，往往导致企业回避技术创新投入。政府政策支持能够在很大程度上减轻企业在资源等方面的压力，能够有效地解决创新活动中的市场失灵，推动企业积极有效地进行技术创新活动，进而提高企业绩效。政府干预的理论依据在于研发创新要经历漫长而复杂的投入产出过程，高新技术企业技术创新自身存在的公共性、外部性和高风险性等特性造成的市场失灵是政府发挥"有形的手"干预的重要原因。政府对企业进行补贴的举措更有助于企业获取外部资源，并将这些资源应用于创新布局上，企业取得的外部资源是企业提升创新能力和强化创新绩效最重要的方式之一。若企业能获得充分的政府补贴来取得外部资源，对其创新能力将起到推动作用，从而提升企业创新绩效。

大量研究表明，政府补贴作为一种公共政策，在产品、技术、金融、人才和市场开发等方面可以促进企业开展技术创新活动，企业通过获得政府补贴提高技术创新能力，进而提升企业绩效。究其原因在于：政府补贴具有公共属性，对于高新技术企业而言，其在获得政府补贴后，能够在一定程度上缓解资金需求困境，加快关键核心技术的研发速度，通过企业技术创新水平的提升，增强产品在市场中的优势，进而提高企业绩效。

税收优惠可以降低企业创新的税收负担，推动企业增加研发投入，增加预期收益（Czarnitzki et al., 2007）。政府补贴对企业的产品及服务提出了技术等方面的要求，在一定程度上可以降低企业的技术风险和市场风险，从客观上影响企业创新活动的方向。因此，技术创新在政府政策导向与企业绩效之间起中介作用。政策支持促进企业增加技术创新投入，而技术创新投入的增加有利于创新绩效的提高。因此，综合上述研究可以看出，企业的研发强度具有传导性质，能够在政策导向与企业绩效的关系中发挥中介作用。

第五节 异质性分析

政府补贴政策和税收优惠政策对不同的企业类型有不同的导向，企业类型也会有不同的社会责任意识，国有企业以社会责任为主，更多关注企业创新绩效的提升，非国有企业以经营效益为主，更多关注企业创新活动是否会带来收益最大化。根据本章基准回归结果显示，不同类型的企业在政策导向对企业综合绩效的作用效果存在显著的差异性，所以分析政策导向对不同企业类型的企业绩效的作用效果具有现实意义。

一、基于企业类型异质性

表4-11为企业类型异质性检验结果，不同的企业类型政府政策导向对企业综合绩效提升作用效果存在差异性。国有企业的政府竞争性补贴和政府普惠性补贴能够显著地促进企业综合绩效的提升，说明政府的补贴政策在国有企业中的作用效果更明显。国有企业的税费减免能有效地促进企业综合绩效的提升，税费优惠政策和企业避税活动

在国有企业和非国有企业中表现效果差异性不大，税率优惠在非国有企业中的作用效果更显著。

表 4-11　企业类型异质性检验结果

企业综合绩效	国有企业	非国有企业
政府竞争性补贴	0.001** （2.06）	0.001 （0.86）
政府普惠性补贴	0.003*** （2.79）	0.001 （0.38）
税费减免	0.020*** （8.01）	0.003* （1.81）
避税活动	0.009*** （18.69）	0.005*** （16.50）
税率优惠	0.025 （0.86）	0.057*** （4.22）
税费优惠	0.001*** （4.38）	0.011*** （20.16）
企业规模	0.017 （0.40）	0.083*** （4.10）
企业成立年限	0.047*** （2.85）	0.067*** （5.39）
市场竞争程度	−0.011 （−1.33）	−0.010** （−2.33）
常数	0.136*** （2.75）	0.054* （1.92）

注：*、**、***分别表示在10%、5%、1%的水平上显著；括号内T是统计量。

二、基于企业规模异质性

按照中位数划分高低组，表4-12为企业规模异质性检验结果，企业规模高于中位数的样本，政府竞争性补贴和政府普惠性补贴能明显地提升企业综合经营绩效，说明企业规模越大，政府补贴政策对提升企业综合绩效的作用越强，企业规模对政府补贴作用效果存在异质性。企业规模在税收政策之间的作用效果差异性不大，不同规模类型的企业避税活动、税率优惠和税费优惠政策都能有效地促进企业综合绩效的提升。

表 4-12　企业规模异质性检验

企业综合绩效	企业规模高于中位数	企业规模低于中位数
政府竞争性补贴	0.002*** （2.65）	0.001 （1.32）
政府普惠性补贴	0.002** （2.22）	0.001 （0.50）
税费减免	0.001 （0.17）	0.001 （0.32）
避税活动	0.004*** （10.10）	0.005*** （11.39）
税率优惠	0.218*** （7.80）	0.100*** （4.55）
税费优惠	0.008*** （9.23）	0.011*** （11.31）
企业规模	0.291*** （5.94）	0.036 （0.71）
企业年限	0.079*** （3.75）	0.088*** （5.08）
市场竞争程度	−0.007 （−0.93）	−0.013 （−1.59）
常数	0.041 （0.88）	0.002 （0.05）

注：*、**、***分别表示在10%、5%、1%的水平上显著；括号内为T统计量。

三、结论

政策导向对国有企业和非国有企业的实施程度不同，同时国有企业和非国有企业的经营理念和社会责任意识存在差异，进行科技创新的研发强度不同，导致存在企业经营绩效和创新绩效的差异。综上所述，可知研发强度在变量政策导向与国有企业和非国有企业绩效之间都发挥着重要的传导作用。对于非国有企业来说，政府补贴政策对企业研发强度促进作用更强，并且是通过促进提高研发经费投入提升企业经营绩效。对于国有企业来说，政府补贴通过增加研发经费投入促进国有企业经营绩效提升，税收优惠通过增加研发经费投入促进企业创新绩效的提升。基于此，中央和地方各级政府打出一套组合拳，针对不同类型的企业，采取各项积极的差异化政策措施，促进高新技术企业的发展与绩效的提升。因此，这也解释了研发强度所发挥的中介作用的差异性。

本节通过政策导向、研发强度与企业绩效的实证研究分析可以获得如下实证结果。

第一，在国有企业和非国有企业样本中，政策导向的政府补贴政策和税收优惠政策与研发强度呈显著的正相关关系，加入中介变量研发强度以后，政策导向与企业绩效也呈显著正相关关系，因此，政策导向对各类企业绩效的影响都存在中介效应。

第二，企业规模的差异性导致政策导向对企业综合绩效提升效果不同，政府竞争性补贴政策和普惠性补贴政策对规模较大的企业作用效果更显著。政府税收优惠政策在不同规模企业样本中的表现没有显著差异，避税活动、税率优惠和税费优惠对企业综合绩效的提升效果相同。

在此基础上，对假设进行如下总结。

假设 H4a 成立：国有企业和非国有企业政策导向对企业综合绩效的提升具有差异性。

假设 H4a1 成立：政府竞争性补贴和普惠性补贴对国有企业综合绩效的提升效果更显著。

假设 H4a2 成立：税费减免对国有企业综合绩效提升效果更显著，税率优惠对非国有企业综合绩效的提升效果更显著。

假设 H4b 成立：不同规模企业政策导向对企业综合绩效的提升影响具有差异性。

假设 H4b1 成立：政府竞争性补贴和普惠性补贴对规模较大企业综合绩效的提升效果更显著。

假设 H4b2 成立：税费优惠政策在不同规模企业之间的差异性不大。

四、探讨

前期的研究发现，企业在技术创新过程中存在着一定的风险和不确定性，因此，大多企业进行自主创新的热情并不高，需要政府采取一系列政策措施刺激企业增加技术创新投入，如政府补贴、税收优惠、政府采购、金融支持政策等，以便激发企业的技术创新能力，实现自主创新。

具体来说，企业技术创新动力不足的原因主要有两个：市场失灵和融资约束。市场制度并不总是有效的，也会导致企业技术创新的社会效应高于企业获得的私人收益，使企业的技术创新收益达不到最优。此外，技术创新投资可能受到融资限制，在不完善的资本市场中，技术创新过程往往不披露细节，以防止技术创新产品或者做法被竞争对手非法窃取（Brown et al., 2020），导致企业技术创新很难从外部渠道得到充分的资金支持，企业技术创新投入不足。

基于信号理论，政府向社会发出政策支持信息，包括税收优惠政策、政府采购政策、金融支持政策等，相应的政策支持有利于激发企业良好的创新能力，吸引投资，解决产品或服务研发成果的正外部性问题，激励企业投入研发，从而不断地提升技术创新的能力。政府实施的税收优惠政策、政府采购政策、金融支持政策可以减少知识溢出对企业产生的损害，激发企业的技术创新意愿。

目前，学术界普遍认为技术创新对企业绩效有重要的作用，企业要想提高企业绩效，就必须适应不断变化的内外部市场环境，加强技术创新能力。基于资源基础理论，企业如果想在市场竞争中占据主导地位，需要拥有其他企业所不具备的要素资源以及对资源的使用能力，不同类型企业之间的绩效差异主要体现在非国有企业和国有企业拥有的政策资源存在差异性，同时不同类型企业的社会责任意识不同，例如，非国有企业更多以经济效益为主，国有企业更多以社会责任为主。如何利用政策导向以及所取得的效应,帮助我国非国有和国有企业在市场中稳固地位,如何鼓励不同类型的企业加大技术创新力度和增强创新成果产出是值得探讨的问题。

本章小结

通过政策导向、研发强度与企业绩效的中介效应分析,证实了研发强度在政策导向与企业绩效之间的中介效应。政策导向的政府补贴政策、税收优惠政策对企业绩效都存在显著的正向影响,其中,国有企业更注重企业创新效率的提升,非国有企业更注重经营绩效的提升,政府在制定相关高新技术企业的政策时,应考虑企业性质,实施差异化政策导向。验证以下研究假设。

假设H1a成立:政府竞争性补贴和普惠性补贴政策能够促进企业综合绩效提升。

假设H1b成立:税费减免、避税活动、税率优惠和税费优惠政策能够促进企业综合绩效提升。

假设H2a成立:政府补贴通过增加企业研发经费投入和研发人员投入作用于企业综合绩效的提升。

假设H2b成立:税收优惠政策通过增加企业研发经费投入和研发人员投入作用于企业综合绩效的提升。

假设H3a成立:研发质量在政府竞争性补贴和普惠性补贴中对企业综合绩效存在正向调节作用。

假设H3b成立:研发质量在避税活动和税费优惠中对企业综合

绩效存在正向调节作用。

假设 H4a 成立：国有企业和非国有企业政策导向对企业综合绩效的提升具有差异性。

假设 H4a1 成立：政府竞争性补贴和普惠性补贴对国有企业综合绩效的提升效果更显著。

假设 H4a2 成立：税费减免对国有企业综合绩效提升效果更显著，税率优惠对非国有企业综合绩效的提升效果更显著。

假设 H4b 成立：不同规模企业政策导向对企业综合绩效的提升影响具有差异性。

假设 H4b1 成立：政府竞争性补贴和普惠性补贴对规模较大企业综合绩效的提升效果更显著。

假设 H4b2 成立：税费优惠政策在不同规模企业之间的差异性不大。

首先，本章基于第三章的理论假设、研究方法介绍和第四章的实证结果设定指标体系及中介效应模型。分析研发强度在不同类型企业的中介效应实施效果。其次，在所获得的数据的基础上，进行相关性分析和回归分析，验证变量间的相关关系、回归模型的系数、中介效应占比。通过以上的统计分析，验证了政府补贴、税收优惠对企业经营绩效和创新绩效有显著的影响，并且研发强度在政府补贴、政策导向对企业绩效的影响过程中起中介作用。

研究发现，政策导向对国有企业的创新绩效中介效应更强，主要通过税收优惠发挥中介作用，通过增加研发经费投入提高企业创新绩效，加大企业的研发投入，有利于提高创新成果的转化效率，能够加快新产品、新服务、新工艺在市场中推广与销售，占据产品的首发优势。对于非国有企业来说，政策导向对经营绩效的作用效果更强，主要通过政府补贴提升科研经费投入促进企业创新。基于以上分析，研发创新有助于提升产品的性能，更好地满足消费者的需求，增强企业在市场上的主导地位并提升市场份额。

Innovation Management of High-tech Enterprises

| 第五章 |

案例分析研究

通过对典型案例进行研究，分析我国高新技术企业研发活动现状，探究政策导向对企业研发强度投入情况，以及对研发质量的调节作用。本章一方面进一步验证第四章得出的实证结果；另一方面为本书提到的理论框架提供现实依据，对本书的实证研究结果进行补充和检验。

第一节　案例简介

一、高新兴科技集团

高新兴科技集团股份有限公司（以下简称高新兴）总部位于广东广州，致力于成为全球领先的智慧城市物联网产品与服务提供商。自1997年成立以来，高新兴创新研发基于物联网架构的感知、连接、平台层相关产品和技术，从下游物联网行业应用出发，以"全息智能"及"泛在通信"两大核心共性技术为科技中台，实现物联网"终端+应用"纵向一体化的战略布局和产业赋能，构筑智慧交通、公共安全、汽车电子标识、车联网、工业模组、轨道交通、通信监控、金融、机器人等物联网大数据应用产业集群。

高新兴员工超3300人，每年研发投入占全年营业收入的10%以上；作为国家级高新技术企业，高新兴坚持自主创新，拥有国家级博士后科研工作站，是国家企业技术中心，通过了ITSS（信息技术服务标准）一级、CMMI（能力成熟度集成模型）5 全球软件领域最高级别认证，已申请超过 1350 项专利，其中涉及 RFID（射频识别技术）的核心专利 400 余项，并参与了 30 余项国家公共信息安全等多项国家和行业标准制定。同时，公司加大智能制造建设，15 万平方米智能制造与研发总部基地属于广州市首批数字新基建重大项目，2024 年完成第二期土建工程建设，投产运营后将提升供应链整体运营能力。

二、云舟生物企业

云舟生物科技（广州）股份有限公司（以下简称云舟生物）创建于 2014 年，是由世界知名分子生物学家，曾任芝加哥大学终身教授以及霍华德休斯医学院（HHMI）研究员的蓝田博士创办的基因递送领军企业，提供科研和临床载体 CRO（临床试验业务）、基因药物 CDMO（合同研发生产组织）及基因递送产权输出等服务，业务覆盖整个生命科学和基因药物领域。

蓝田是哈佛大学学士、麻省理工学院的生物学博士，曾任芝加哥大学人类遗传系终身讲席教授、霍华德·休斯医学研究所（Howard Hughes Medical Institute，HHMI）研究员。蓝田博士在遗传学、干细胞生物学及分子进化学等领域取得了多项突破性成果，曾荣获 Merrill Lynch 全球论坛创新奖、Burroughs Wellcome 生物医学职业奖、塞尔学者计划奖（Searle Scholar）、《麻省理工科技评论》（*MIT Technology Review*）"下世纪最有实力年轻创新者"、《芝加哥商报》"40 名 40 岁以下商业、政界和科学明星"、"广州市杰出专家"等荣誉称号。

三、乐庚公司

广州乐庚信息科技有限公司（以下简称乐庚）是一家集互联网、移动互联网、云计算、大数据、移动计算于一体的高新技术企业。乐庚创立于 2007 年，注册资本为 2000 万元，位于广州高新技术产业开发区广州科学城，由广东省人民政府投资、广东省科技厅下属国有企业（广东拓思软件科学园有限公司）控股。

乐庚以"数字科技赋能教育变革"为企业使命；以"促进信息技术与教育教学深度融合，助力教育优质均衡发展，提高教育教学质量，提升教育治理水平，促进教师专业发展、学生全面发展"为团队目标；以"沉浸式、无边界、智慧+、个性化"为产品理念；打通国家教育数字基座，融合教育部可信教育数字身份，围绕"算法、算力、数据、场景"四大要素建立数字教育赋能引擎；构建家庭、学校、政府、社会多方共育教育生态。产品覆盖幼教、普教、职教、高教全体系，打造"教、学、测、评、管、服"全场景的数字校园信息系统，为各级教育主管部门与学校提供未来教育整体解决方案，重点建设可感知、可分析、可诊断、可自愈的智慧校园典范。

乐庚聚焦教育信息化行业，技术团队规模超 100 人，核心团队来自国家"863"软件专业孵化器（广东）基地的数字媒体研究中心，拥有较强的自主研发实力，在研发、生产、运维、服务等方面已形成完备的运作体系。其服务区域立足广东，辐射全国各地，已开发 50 多家渠道商，建立了稳定的客户群，产品已有 3000 余所学校使用。

第二节 企业经营状况

一、研发情况

(一)研发强度

1. 高新兴科技集团

高新兴采取以自主研发为主导的研发模式,形成了集团和事业部、子公司各司其职的研发分工体系。具体而言,集团中央研究院开展大数据、AI、物联网等通用技术研究,具备移植到国产化设备的技术能力;各事业部、子公司下设产品线研发部门,支撑业务需求,同时,实现全集团研发资源共享。公司研发中心根据产品运营团队提出的市场需求,会同财务、采购、市场等部门进行技术、经济、市场上的可行性分析,共同确定新产品的研发计划。对于产品的核心环节或核心技术,完全自主研发;对于部分配套技术,必要时采用合作或委托外包的开发方式,以提高研发效率。研发的新产品须通过成果鉴定、小批量生产、终试、设计定型等流程,在公司研发与质量管理部检验合格后方可向市场推广、销售。

2. 云舟生物企业

云舟生物独创"VectorBuilder"平台("载体家"),如图 5-1 所示,开拓了分子生物学全新工业化 4.0 智能时代,并不断推出新的基因递送体系和优化已有体系,已与全球二十多家知名企业、科研机构建立长期战略合作关系,共同赋能基因药物的研发与生产。在科研载体 CRO 服务方面,云舟生物主要提供载体设计与优化、个性化载体克隆、重组病毒包装、质粒 DNA 制备等分子生物学服务;在临床载体 CRO 服务方面,云舟生物主要提供基因药物在动物模型里的临床前研究服务、多样的基因递送解决方案、高附加值研发服务等;在基因药物 CDMO 服务方面,云舟生物涵盖 GMP(药品生产质量管理规范)生产、工艺开发、分析方法开发、种子库建立以及法规事务服务等;在基因递送产权输出服务方面,云舟生物开发了一系列具有 IP 潜力的技术,通过产权输出模式授权给客户,助力基因药物的开发,为行业贡献核心技术。

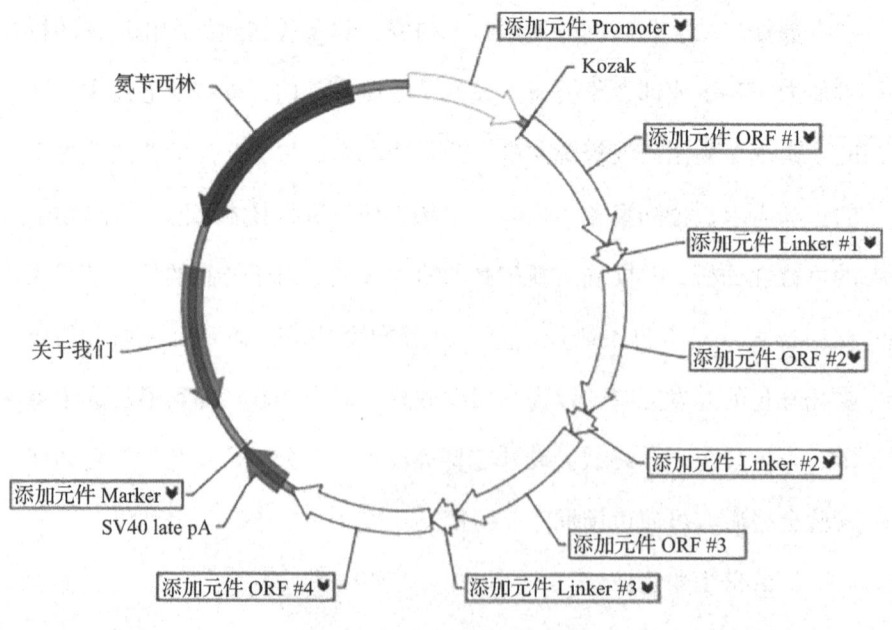

图 5-1 云舟生物"载体家"

3. 乐庚公司

乐庚成立十多年来,一直努力在教育信息化领域的研究开发耕耘开拓,每年投入总收入的 5%～10% 进行技术研究和技术创新。乐庚面向教育行业,以建立教育信息化产品生态体系为目标,先后研制出多款功能定位不同的教育系统产品,并依托教育管理及学校教学的实际需要,开发了多个相关教育应用平台;整合了行业骨干企业的应用资源,建立了面向全省乃至全国的智慧教育服务体系(平台),包括技术研究、平台资源研发建设、教育资源库建设、营销服务体系建设四个方面。

第一,在技术研究方面。主要是面向国家新的教育政策及教育改革的要求,积极与相关教育管理部门、高校、研究所紧密合作,紧扣政策导向,在云计算、物联网、大数据应用、信息安全以及5G、AI人工智能等新应用、新技术的驱动下,进行面向教育信息化领域新模式、新标准、新体系的研究和创新。

第二,在平台资源研发建设方面。主要与相关成果单位、行业用户、骨干企业合作,进行教学管理平台、教育资源云平台、在线教育平台、教研互动平台、教师科研及培训平台、家校互动平台、教学质量测评体系等应用及平台的研究整合及开发建设。注重接口标准规范及数据共享,打通不同平台之间的链接,避免形成信息孤岛。

第三,在教育资源库建设方面。主要是与相关教育研究单位、学校及培训机构、名师、教学资源制作企业合作,整合现有教材库、课件库；结合新的需求开发新的教学素材；建立一套相对完善的知识图谱；借助大数据分析及云计算等技术，形成一个相对完善的、素材丰富的、开放共享的教学资源知识库体系。

第四，在营销服务体系建设方面。立足本省、面向全国，建立一套完整的市场营销体系及服务体系。依托中心自身优势，整合多方力量和资源，与各地市教育部门及行业骨干企业合作，促进教育信息化产业链的技术合作和资源共享，形成覆盖全省乃至全国的服务网络体系，将中心的技术成果及服务推向各个角落，促进中心相关技术及成果的转化，推动中心服务能力及服务规模的提升。

（二）研发质量

1. 高新兴科技集团

2021年，高新兴研发体系在核心技术、产品研发、能力体系建设等方面都继续升级。研发组织资源分工进一步明确：集团中央研究院开展人工智能、大数据、AI、公共平台、物联网等通用技术研究，具备移植到国产化设备的技术能力；各事业部、子公司下设产品线研发部门，支撑业务需求；集团研发与质量管理部——研发体系及质量体系能力建设、管理及提升的平台，为集团各业务单元赋能，提供服务支撑，确保集团战略目标的实现。同时，为实现全集团研发资源共享、降本增效，公司通过研发立项管理及项目分级，实现对研发项目进行规范化的管控和价值评估；上线的PLM（产品生命周期管理）系统一期，进一步规范了全集团产品全生命周期的有效管控；组建研发共享小组，对集团研发公共资源进行统筹管理，推动研发资源内部共享；统一研发环境管理与配置管理，管控集团研发信息安全，同时节省研发成本；整合技术构架、知识库及经验库，搭建研发成果共享平台，助力各产品线提升研发能力和水平，降低研发投入。在技术层面，公司本年度多项技术均取得不同程度的提升和突破；在产品层面，在自研产品经营、开发上均有所斩获。

2. 云舟生物企业

云舟生物目前已累计提供超过120万个基因递送解决方案，每年超过30万个项目投入生产，与全球二十多家知名企业、科研机构建立长期战略合作关系，自进军基因药物市场以来，CRO、CDMO业务已经遍布北美、欧洲、日本等多个国家和地区。云舟生物拥有来自全球4000多家科研院校和制药公司的5万多名客户，海外市场占比超90%，涵盖全球顶尖院所与知名药企，如哈佛大学、剑桥大学、约翰霍普金斯大学、强生、诺华、拜耳、罗氏等。云舟生物2021年订单金额达2.1亿元，是2017年的11倍，5年业绩复合增长率85%。根据2022年上半年的业绩数据，云舟生物较2021年同期增长82.3%。

云舟生物的CRO和CDMO服务获得业内广泛认可。例如，云舟生物为全球首个脊髓损伤瘫痪基因治疗药物提供CRO服务，实现单个载体表达多个目的基因。云舟生物为全球首个Menkes综合征基因治疗药物提供CRO服务，使用大小仅4.7kb的AAV病毒包装超过载量上限的目的基因。云舟生物GMP级别的质粒和LV载体获得了美国 FDA（食品药品监督管理局）的 DMF（药品主文件）备案，采用其 CDMO 服务的美国客户，其基因治疗药物于 2022 年获得 FDA 的 IND（新药研究）批文（目前国内只有 3 家企业能够协助客户研发管线获得 FDA 的 IND 批文）。

3. 乐庚公司

乐庚引领数字科技赋能教育变革。云数据管理中心按照学校维度、教师维度、教学活动维度进行了统计和分析，实时更新，实现对教学可视化大数据分析。在学生综合素质评价系统方面，对接已建成的华南农业大学附属小学"紫荆花五育勋章"评价系统，采集教学过程数据，建立评价模型输出有华南农业大学附属小学特色的学生核心素养评价。在基础建设方面，依托"互联网+教育"大平台，创新教学、评价、研训和管理等应用，促进信息技术与教育教学深度融合。

二、企业绩效

1. 高新兴科技集团

研发驱动型，持续创新是高新兴发展的不竭动力。高新兴每年研发投入占营业收入的 10% 以上，整合全球顶尖技术和高端人才、研发人员投入超过总数的 35%，2017—2021 年研发投入 19.13 亿元，研发人员占比为 35%，核心专利 1350 项；持续强力投资技术创新与发明，通过产学研融合先进的技术和理念，厚积薄发，实现产业进步与发展。2021 年，高新兴实现营业收入 267294.13 万元，同比增长

14.91%；实现归母净利润 4329.27 万元，同比增长 103.93%；经营性现金流量净额为 18142.60 万元，同比增长 190.03%，时隔 3 年首次实现正现金流；毛利率为 28.03%，较 2020 年提高了 2.63 个百分点；研发投入 35628.50 万元，占营业总收入的 13.33%，连续四年研发投入比重均达到 10% 以上；存货周转率同比增长 12.55%；销售、管理和研发三项费用合计为 86479.80 万元，同比下降 8.53%，费用管控效果显著；2021 年研发人员 1100 人，同比下降 13.79%，研发人员数量占比同比下降 1.69%。高新兴企业绩效数据如表 5-1 所示。

表 5-1 高新兴企业绩效

	2021 年	2020 年	2019 年	2018 年	2017 年
研发人员数量（人）	1100	1276	1558	1242	1000
研发人员数量占比（%）	37.28	38.97	41.79	34.48	33.74
研发投入金额（百万元）	356.28	430.64	553.82	405.78	166.45
研发投入占营业收入的比例（%）	13.33	18.51	20.56	11.39	7.44
政府补贴款（百万元）	36.43	60.55	28.33	9.32	8.76
营业收入（百万元）	2672.94	2326.08	2693.23	3562.83	2237.01
平均净资产收益率（%）	1.29	−28.38	−23.51	10.87	10.31

2. 乐庚公司

乐庚经过十几年的技术、经验、产品、市场积累，厚积薄发，近年来获得高速发展，2021 年营业收入 1.29 亿元，2022 年营业收入 1.88 亿元，预计 2023 年将达到 2.5 亿元，2025 年将达到 8.6 亿元。公司目前估值 10 亿元，正在进行新一轮战略融资，融资情况如图 5-2 所示。

3000万～5000万元
融资额度

融资用途
产品研发、市场推广

3%～5%
股权占比

估值
10亿元

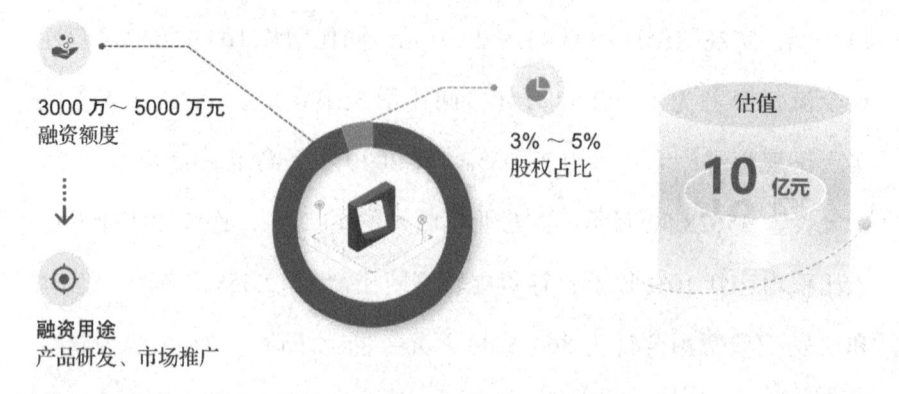

退出安排：上市后减持或大股东回购

图 5-2　2023 年 1 月至 2023 年 3 月广州乐庚信息科技有限公司融资情况

三、研发绩效评价

高新兴在车联网与智慧交通赛道，立足于 5G+V2X（车载通信技术）通信、人工智能、超高频 RFID、增强现实、大数据分析挖掘等核心技术的研发，提供全系列智慧交通方案及全栈式的智能网联解决方案。云舟生物、乐庚在科技创新、数字经济领域发展前景广阔，发展成果丰富，在国内外市场上都占据一定地位，成为该领域的发展先锋。作为高新兴技术密集型的企业，研发资金和人力资本投入是企业保持内生经济增长的动力资源，企业研发强度被纳入企业研发活动的重要衡量指标。本节从企业研发资金投入和人力资本投入两个方面衡量企业研发强度，并根据企业经营绩效指标反映企业经营绩效，研发绩效用平均净资产收益率（即研发投入金额与企业营业总收入的比值）来表示。高新兴研发绩效情况如图 5-3 所示。

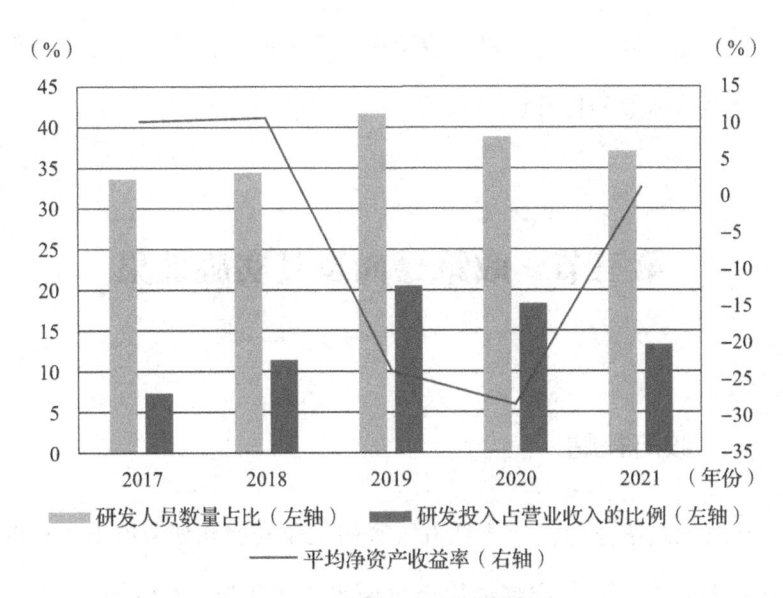

图 5-3 高新兴企业研发绩效

从图 5-3 中可以看出，2017—2019 年，研发投入人员占比和研发投入经费占营业收入比例呈持续增长趋势，研发人员占比从 2017 年的 33.74% 急速增长到 2019 年的 41.79%，2019 年后逐步下降到 2021 年的 37.28%；研发投入占营业收入的比例从 2017 年的 7.44% 上升到 2019 年的 20.56%，2019 年之后又逐步下降到 2021 年的 13.33%。长期以来，公司始终重视研发强度的投入及加大研发经费和研发人力资本的投入。从平均净资产收益率来看，随着研发强度的增大，企业 2017 年净资产收益率从 10.31% 增加到 2018 年的 10.87%，说明研发强度能促进企业创新绩效提升；受外部环境的冲击，2019 年净资产收益率下降为 -23.51%，2020 年下降为 -28.38%，之后随着政府补贴投入，2021 年净资产收益率上升为 1.29%，且净资产收益率下降的幅度小于研发强度下降的幅度，说明在一定程度上，研发强度增加促进了企业经营绩效的提升。

第三节 政策导向及其实施效果

一、政府补贴

在国家政策方面，《"十四五"医药工业发展规划》提出，重点发展针对新靶点、新适应症的嵌合抗原受体T细胞（CAR-T）、嵌合抗原受体NK细胞（CAR-NK）等免疫细胞治疗、干细胞治疗、基因治疗产品和特异性免疫球蛋白等；重点开发新型重组蛋白疫苗、核酸疫苗、细胞治疗和基因治疗药物等新型生物药的产业化制备技术、生物药新给药方式和新型递送技术；探索人工智能、云计算、大数据等技术在研发领域的应用。《"十四五"国家知识产权保护和运用规划》提出，健全高质量创造支持政策，加强生命健康等领域自主知识产权创造和储备。《中华人民共和国国民经济和社会发展第十四个五年规划和2035年远景目标纲要》提出，在基因技术等前沿科技和产业领域，组织实施未来产业孵化与加速计划。

在地方政策方面，《广东省制造业高质量发展"十四五"规划》提出，在生物医药与健康行业，加速创新药物战略布局，大力发展抗体、蛋白及多肽、核酸等新型生物技术药物，着力突破精准医学与干细胞、新药创制、生物安全、生物制造等关键核心技术；支持广州打造粤港澳大湾区生命科学合作区和研发中心，布局生命科学、生物安全、研发外包等领域。《广东省国民经济和社会发展第十四个五年规划和2035年远景目标纲要》提出，持续推进产业关键核心技术攻关，支持企业在生命健康等前沿领域加强研发布局。

在产业政策的支持下，云舟生物为了进一步扩大产能，以满足日益蓬勃的市场需求，2022年4月开启了10万平方米的基因递送研发生产基地的建设，落地广州市黄埔区，预计达产年营业收入约为50亿元。此外，云舟生物于2021年8月完成了A轮融资，融资2500万元，投前估值20亿元；2021年12月完成了B轮融资，融资5000万元，投前估值35亿元。2022年7月，云舟生物已完成科创板上市辅导备案工作。2022年三季度，云舟生物完成了C轮融资，融资4.1亿元，投后估值约50亿元。云舟生物预计将于2023年完成科创板IPO。

二、税费优惠

（一）增值税

根据国务院颁布的《关于印发进一步鼓励软件产业和集成电路产业发展若干政策的通知》和财政部、国家税务总局颁布的《关于软件产品增值税政策的通知》的规定，对增值税一般纳税人销售自行开发生产的软件产品，按13%的法定税率征收增值税后，对增值税实际税负超过 3% 的部分实行即征即退政策。2021 年度收到退税收益 41799505.27 元，享受该优惠的企业包括高新兴、高新兴讯美、高新兴创联、高新兴国迈、高新兴智联、天津软件、江苏公信、高新兴物联、神盾信息、深圳高新兴。

（二）所得税

高新兴于 2008 年 12 月 29 日取得编号为 GR 200844001001 的高新技术企业证书，有效期三年；2011 年通过了高新技术企业复审，并于 2011 年 11 月 3 日取得编号为 GF 201144000239 的高新技术企业证书，有效期三年；2014 年 10 月 10 日经粤科公示〔2014〕15 号公示通过了高新技术企业重新认定，并取得编号为 GR 201444000873 的高新技术企业证书，有效期三年；2017 年通过了高新技术企业复审，取得编号为 GR 201744000973 的高新技术企业证书，证书有效期三年；2020 年通过了高新技术企业复审，于 2020 年 12 月 9 日取得编号为 GR 202044007914 的高新技术企业证书，有效期三年。2021 年按 15% 计缴企业所得税。

三、政策实施效果

根据数据资料的可得性，选取高新兴企业的政府补贴和研发投入占营业收入的比值，反映政策对研发强度和企业绩效的实施效果，绘制出如图 5-4 所示的折线图。

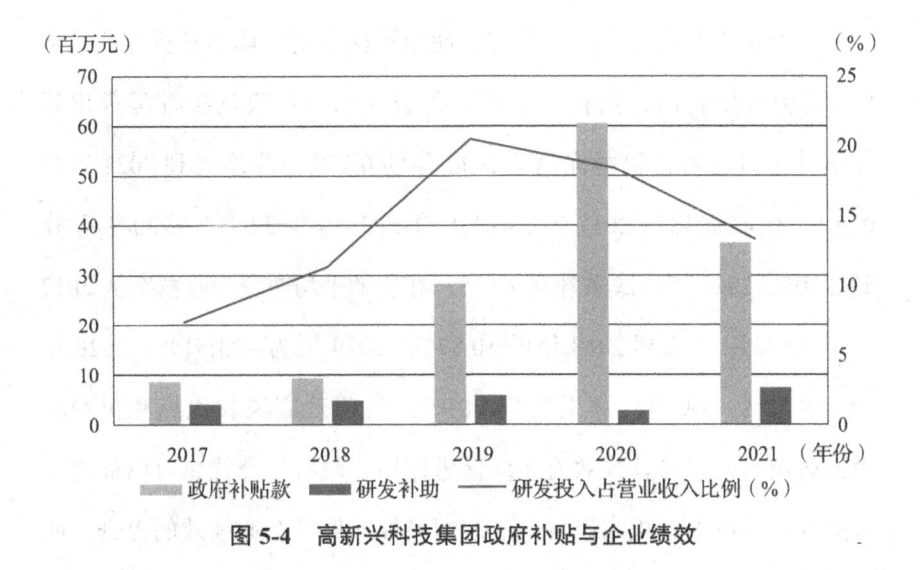

图 5-4 高新兴科技集团政府补贴与企业绩效

从图 5-4 中可以看出，高新兴获得的政府补贴从 2017 年的 876 万元稳步增长到 2020 年的 6055 万元；政府研发补助从 2017 年的 398 万元上升到 2019 年的 581 万元，2020 年下降到 296 万元，然后又再次攀升到 2021 年 743 万元，相应的研发投入占营业收入比例从 2017 年的 7.44% 增长到 2019 年的 20.56%；政府补贴金额从 2020 年的 6055 万元下降到 2021 年的 3643 万元，研发投入占营业收入的比例从 2020 年的 18.51% 下降到 2021 年的 13.33%。说明政府补贴的政策导向对企业研发强度和企业绩效起到正向促进作用，政府补贴可以促进企业加大研发人力和资金投入，提高企业研发的质量和研发效率，为企业带来更多的创新效益和经济效益，促进企业绩效提升。所以，在高新兴技术企业中，政府补贴政策导向促进企业增加研发强度，提高研发质量，最终促进企业绩效的提升。

税费优惠和税收优惠计算方式使用第四章指标体系核算方式。从图 5-5 中可以看出，高新兴获得的税费优惠和税收优惠都呈现出逐年波动上升趋势，税费优惠从 2017 年的 0.237 稳步增长到 2021 年的 0.461，税收优惠从 2017 年 1.417 上升到 2019 年 3.971，2020 年下降到 2.105，2021 年再次攀升到 7.435；相应的平均净资产收益率从 2017 年的 10.31% 增长到 2018 年的 10.87%，2019 年为 –23.51%，2020 年为 –28.38%，到 2021 年上升到 1.29%。说明政府税收优惠和税费减免的政策导向对经营绩效有正向促进作用，政府税费优惠可以促进企业降低经营成本，提高研发生产的积极性，促进企业绩效的提升。所以，在高新兴技术企业中，政府税收政策导向促进企业增加研发强度，提高研发质量，最终促进企业绩效的提升。

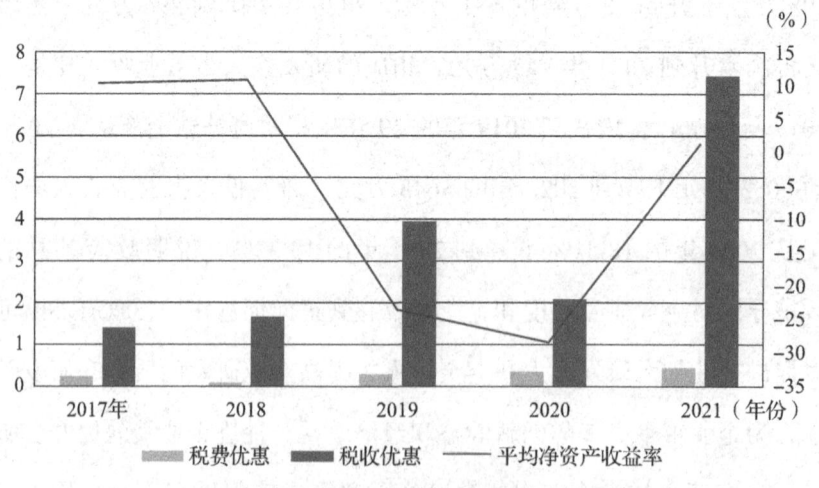

图 5-5 高新兴科技集团税收优惠与企业绩效

本章小结

本章根据高新兴2017—2021年的财务报表数据、云州生物的融资情况和乐庚的政府补贴情况，分析了政策导向和研发投入对企业创新绩效的作用，以及研发质量在政府补贴与企业创新绩效中起到的调节作用。案例分析结果得出，对于高新兴、云州生物和乐庚来说，政府补贴和税收优惠有助于企业增加研发投入，促进企业经营绩效和创新绩效水平的提高；同时，政府补贴和税收优惠促进了企业研发投入，带动了企业创新绩效水平的发展；并且企业研发质量提升促进了政府政策导向的作用效果。综上所述，从实践角度再次验证本书提出的理论机制和实证检验结果，即在高新技术企业中，政府补贴和税收优惠能够促进企业创新绩效和经营绩效的提升；研发强度在促进企业绩效提升中起中介作用；同时，在政府政策导向与企业经营绩效和创新绩效的关系中，研发质量也起到了正向的调节作用。

Innovation Management of High-tech Enterprises

| 第六章 |

结论、启示及建议

前文的理论分析和实证分析结果完全支持本书的研究模型，继而帮助本书实现研究目的。本书的研究假设全部成立，基于这些结果本章进行总结。

首先，进行基于研究目标的结果概述。介绍前文的指标体系和样本统计情况，分析相关分析和回归分析的内容与作用，阐明本书研究的意义。

其次，阐述研究结论。分别为对政策导向、政府补贴、税收优惠与企业综合绩效的关系研究；政策导向、研发强度与企业绩效的关系研究；不同类型和规模企业政策导向的差异性。

再次，分析研究的启示。本书通过理论分析与统计数据的结果，从政策导向、技术创新和企业绩效几个角度提出以下三个方面的启示：政府补贴为高新技术企业技术创新水平提升提供资金支持，税收优惠政策为高新技术企业降低研发成本，政策导向对不同类型企业实施的中介作用存在差异。

最后，按照启示提供了三个方面的建议。从政府层面推动高新技术企业绩效的提高。充分发挥税收优惠政策的激励作用，提高政府补贴的针对性。从金融市场层面推动高新技术企业绩效的提高，发展和完善金融政策支持体系，缓解企业融资难，完善高新技术企业融资平台，提升高新技术企业创新投资的产出水平，建立产学研高新技术产业创新合作模式。从高新技术企业层面推动自身绩效的提高。高新技术企业要提高政府补贴的使用效率，充分发挥政府补贴的纾困功能，充分发挥技术创新的引领作用，加强创新成果转化能力。

本章的内容是总结全文，并根据设计的方案给出具体的实施策略与建议。在此基础上，为政府政策制定和高新技术企业发展提供切实建议。

第一节 结　　论

政府支持对企业绩效的影响作为当下的研究热点，已取得了很多成果，但是，总体来说相关研究理论还没有十分成熟，特别是中国情境下的相关实证研究具有很大的研究空间。而且，鲜有研究探讨高新技术企业政府支持度对企业绩效的影响机理，比较缺乏相关的实证分析，未能够给企业发展和政府政策制定提供有益的参考与借鉴。故本书以沪深上市A股高新技术企业作为研究对象，通过文献梳理和理论研究构建"政策导向—研发强度—企业绩效"的模型框架，不仅有对前人研究的整理，也有新的研究突破。

本书在文献回顾的基础上构建指标体系，以2017—2021年沪深上市A股高新技术企业8365份样本为研究对象，并对第三章提出的理论机制和研究假设进行相关性分析和回归分析，对政策导向与企业绩效的研发强度中介效应进行检验，从而验证假设是否成立。从分析结果可知，样本数据可以较好地支撑研究要求。因此，基于实证结果概要，本书可相对应地得出五点结论。

一、政府补贴有助于企业综合绩效的提升

本书通过政策导向与技术创新的多元回归分析，充分说明了高新技术企业在获得政府政策支持时可以提升技术创新水平，并可以从政府竞争性补贴和政府普惠性补贴两个方面出发，实现企业技术创新能力的增强。政府普惠性补贴能够灵活地、有效地、直接地弥补企业研发资金投入的不足，减少技术创新壁垒，实现企业竞争力的创造；在政府竞争性补贴政策层面，增加政府对企业新产品、新服务的财政补贴，激励企业技术研发的积极性，完善高新技术企业多元融资服务方式，缓解企业技术创新的资金困境，最终表现为企业经营绩效的提升。

二、税收优惠有助于企业综合绩效的提升

本书通过政策导向与企业经营绩效的相关分析和多元回归分析，证实了政府税费减免、避税活动、税率优惠和税费优惠对企业经营绩效存在显著的正向影响。在税收优惠政策层面，要给予高新技术企业技术研发人员成果转化、人才引进等税收优惠；在税收优惠层面，由于需要经过专家评审和同行业的激烈竞争，税收优惠有利于提升技术创新的积极性和主动性，降低研发成本，在一定程度上增强科研创新项目的质量，提高企业综合经营绩效。

三、政策导向通过增加研发强度促进企业综合绩效的提升

本书通过政策导向、研发强度与企业绩效的直接效应和中介效应的实证研究发现，研发强度从研发经费投入和研发人员投入两个方面出发，分别从不同的角度提升高新技术企业的绩效水平。政府竞争性补贴和政府普惠性补贴都可以通过为企业提供资金支持，降低研发成本，促进企业增加科技创新经费投入和研发人员投入，所以政策导向可以促进企业研发强度提升；并且可通过增加企业研发经费投入，增加研发强度提升企业综合绩效。这充分说明了政策导向通过增加企业研发强度促进高新技术企业绩效提升。

本书通过研发强度对企业绩效的多元回归分析说明税费减免、税费优惠、税率优惠政策和企业的避税活动都可以促使企业通过增强技术创新能力来提升企业绩效，并可以从研发经费投入和研发人力投入两个方面出发，促进高新技术企业的高质量发展。在研发投入层面，合理规划企业技术创新的战略，引进高水平技术人才，增强对基础研究和产学研项目的研发投入；在创新产出层面，要善于将创新技术或工艺转化成新产品、新服务，提升高新技术企业的创新绩效。

四、研发质量在政策导向对企业综合绩效提升方面存在调节效应

本书通过政策导向、研发质量与企业综合绩效的多元回归分析的

实证研究，充分说明了政府补助和税收优惠对企业绩效具有显著的正向影响，并且在研发质量的调节作用下提升高新技术企业的绩效水平。研发质量在政府竞争性补贴和普惠性补贴中对企业综合绩效存在正向调节作用，研发质量在避税活动和税收优惠中对企业综合绩效存在正向调节作用。

五、政策导向在不同企业类型之间对企业综合绩效提升程度存在差异

通过政策导向、研发强度与企业绩效的相关分析和多元回归分析，本书的实证研究结果充分说明了政府税收优惠和政府补贴能够促进企业综合绩效的提升，其中国有企业通过政府竞争性补贴和政府普惠性补贴提升企业综合绩效，税费减免提升国有企业综合绩效的效果更显著，税率优惠对非国有企业综合绩效提升效果更显著。不同规模类型企业政府政策导向对企业综合绩效提升存在差异性，其中，政府竞争性补贴和政府普惠性补贴对规模较大企业综合绩效提升效果更显著。税费优惠政策在不同规模类型企业之间的差异性不大。

综上所述，从实证分析角度来看，本书研究了高新技术企业政策导向、研发强度、企业绩效之间的相互关系，相关结论可以促使高新技术企业重点关注政府补贴和相关政策实施的重要性，能够让政府政策制定者出台差异化政策以便支持高新技术企业的高质量发展，能够启示我国高新技术企业应该合理使用政府补贴来提升企业绩效，因此本书具有较强的现实意义及理论借鉴意义。

第二节 启 示

本书以高新技术企业为研究对象,在文献回顾的基础上,通过理论和实证研究得出相关结论。据此,本节从政府补贴、税收优惠、研发强度这三个视角出发,进一步探究提升高新技术企业绩效的方案。

一、政府补贴为高新技术企业研发提供保障

政府补贴有利于增加企业的研发资金,激发企业员工的创新意识,推动创新成果加快转化,以便提高企业的创新能力和经营绩效。在第四章实证分析中可知,政府补贴对企业技术创新具有正向影响,即在政府补贴支持下企业的研发经费投入和研发人力投入均得到提高。基于此,国家和地方政府在通过科技政策进行宏观经济调控过程中,要继续坚持创新驱动发展,鼓励高新技术企业进行创新投资。

(一)加强政府补贴对企业技术研发的支持力度,逐步实现关键技术的自给自足

可持续性竞争优势的重要获取途径是技术研发,而技术研发需要政府政策的推动。政府需以政府补贴、税收优惠、政府采购等政策全面激励企业强化技术创新的投入力度,并且落实政策导向普惠性、科学性,确保政府资金落到实处。

（二）强化政府补贴对产业链、产学研等链条上的研发合作的支持力度，推动技术融合、跨界发展

企业的技术创新过程往往需要克服各种困难，单凭一家企业或一个团队的研发创新未必能够取得成功，需要加强不同团队、不同企业之间的沟通交流，整合创新资源与核心优势。政府需要以市场需求为导向，鼓励不同企业、研究机构等加强合作，提升解决关键核心技术的能力，逐步构建研发合作平台，形成新的技术创新"联合体"，以"联合体"作为政府补贴的新载体，实现技术融合、跨界发展。

二、税收优惠降低高新技术企业研发成本

税收优惠有助于降低企业市场信息收集和处理的成本，降低创新不确定性带来的风险，提高投资的及时性和准确性。在第四章实证分析中可知，政府补贴和税收优惠对企业绩效具有正向影响。因此，为了使高新技术企业保持生命力和市场竞争力，本书提出两个主要路径。

（一）制定具有差异化的税收优惠政策

企业在获得税收优惠后，在研发创新以及研发合作等方面的积极性都得到了较大的提升，有利于创造更大的企业绩效。但这并不代表税收优惠在任何时期、对任何企业都能够发挥积极作用。针对不同规模大小、不同类型的高新技术企业，政策制定者和实施者需要高度重

视高新技术企业资金支持政策的制定过程和实施过程，科学设计差别化的高新技术企业资金扶持政策并加以严格执行，优化税收优惠的社会成效，完善法制体系，避免偷税漏税和滥用税收优惠政策的现象。

（二）合理设置不同类型的税收优惠政策

如果要持续保持税收优惠政策对高新技术企业发展的正向影响，政府就得持续给高新技术企业税收优惠，显然这并不是高新技术企业政府支持政策设计的初衷。政府给予高新技术企业税收优惠的目的在于，帮助高新技术企业渡过劣势阶段，并尽快形成企业自身的竞争优势。但政府往往难以准确把握哪些企业已经具备这样的能力，这使普适性的、非选择性的税收优惠难以避免会存在资金浪费的现象。因此，要合理设置不同类型的税收优惠政策，既帮助企业渡过资金难关，也减少了资金浪费的现象，进而提升高新技术企业绩效。

三、提高研发强度是高新技术企业绩效提升的重要抓手

政策支持是高新技术企业健康发展的重要导向，研发强度是高新技术企业保持生命力和市场竞争力的重要抓手。在第五章实证分析中可知，政策导向、研发强度能有效提高企业技术创新水平，进而提高企业经营绩效。因此，高新技术企业可以通过政府补贴和相关政策支持弥补企业研发投入资金的不足，增强创新成果产出能力，为市场提供新产品、新服务、新工艺，进而达到提升企业绩效的目的。

（一）发挥技术创新在政策导向改善企业绩效中的中介作用

基于资源依赖理论、资源基础观、信息传递理论的研究分析，本书对研发创新在政策导向与企业绩效之间的中介作用进行探讨。技术创新中介效用的实证分析结果表明：政策导向可以通过技术创新来间接促进企业绩效的提升。因此，要从税收优惠、政府采购和金融支持三个方面出发，缓解企业在技术创新过程中所需的研发投入资金，增强企业的科技成果产出能力，使企业的创新资源得到合理配置，提升企业的创新绩效。

（二）充分利用信号传递机制，吸引社会资本投入高新技术企业研发项目

政府部门的技术审查能力和项目监管能力越强，高新技术企业越容易通过信号传递获得更多的资金投入。因此，政府在制定创新政策时要以市场机制为基础、以企业为主导，通过政策导向作用，引导有限的社会资源向企业创新项目倾斜。

（三）完善创新项目筛选机制和创新项目评估机制，确保创新激励措施的效用最大化

政府在筛选高新技术企业进行政策扶持时，要制定并不断更新和完善能够综合反映高新技术企业研发创新能力、研发项目可行性等方面的指标体系。同时，按照一定周期对创新项目进行事中事后评估，

以确定下一步激励措施。

四、提升企业研发平均质量有助于高新技术企业高质量发展

政府政策支持是配合企业战略实施的重要工具和手段，能够为企业生产经营提供必要的资金支持。在第四章实证分析中可知，企业平均质量在政策导向对企业综合绩效提升之间存在调节效应。因此，政府和企业应提升企业创新质量，从不同的政策支持方式出发，提高不同类型政策的经济效果。

（一）整合现有的高新技术企业支持政策

探索多种支持模式和方法，以提高政策的协同效应和整合效应。合理运用不同的政策方式，实施有差异化的支持政策，避免政府资源配置的低效率，保证将有限的资金花在"刀刃"上。

（二）精准实施不同科技政策对高新技术企业的支持

相较于单一政策，政策组合效应更复杂，特定情境下，科技政策组合反而不如单一形式能够发挥激励作用，因此科技政策支持并不能一味地"越多越好"，实施"一刀切"的支持方式，应该更加精准、有效地规划不同科技政策组合支持。

（三）加强对不同政策支持方式的制度约束

建立统一的政府补贴、税收优惠、政府采购、金融支持等的动态

监督评价体系，不仅要强调创新的投入产出，更要侧重于创新效率的评估和监督。

第三节 建 议

本书通过理论和实证研究得出的相关结论和启示，提出了从政府补贴、多元政策支持和技术创新三个视角来探究高新技术企业的企业绩效提升方案。基于此，本节根据设计的方案给出了具体的实施策略与建议。

一、从政府层面推动高新技术企业绩效的提高

当前，高新技术企业发展和管理已进入了新的历史阶段，在促进社会经济发展、人民生活水平提高等方面发挥着不可或缺的作用。近年来，中央和地方政府颁发了一系列政策鼓励高新技术企业加大技术创新力度，为提升企业绩效提供政策支持。在此背景下，我国政府作为宏观调控的主体应加强对政策合理制定的把控力度，以及加大科技创新扶持力度，进一步提升高新技术企业整体水平。

（一）充分发挥税收优惠政策的激励作用

税收政策具有公平性，具有普遍激励的作用。扩大税收优惠政策的优惠力度，包括进一步扩大优惠税种范围、增加税收优惠对象等。

同时，进一步加大对基础研究和重大前沿创新项目的税收优惠力度，也可以根据不同的企业规模、不同的企业性质以及不同产品的市场紧缺程度，实施差异化的税收优惠政策，鼓励减免人才引进、创新项目合作、创新成果转化等方面的成本费用。

（二）提高政府补贴针对性

基于普惠性政府补贴视角，高新技术企业要清晰了解相关的政府补贴政策，明确企业自身是否符合政府补贴的条件与标准，及时申领政府普惠性补贴，弥补企业早期的资金需求，保障企业的平稳运行；基于政府竞争性补贴视角，高新技术企业要增加科研创新项目申报，增大获得竞争性政府补贴的机会，促进企业绩效提升。

二、从金融市场层面推动高新技术企业绩效的提高

高科技行业是进行技术创新活动的主要阵地，是落实我国创新战略的主要参与者，为提升我国整体创新水平提供重要载体，为建设科技强国提供重要基础。随着我国改革开放的不断深入，越来越多的高新技术企业参与到了世界经济的发展中，高科技行业如果不做好战略规划，整个行业将会陷入市场竞争处于劣势和市场业绩欠佳的困境。因此，对于高科技行业而言，需要采取一定的措施提升整个行业的竞争力。

第一，发展和完善金融政策支持体系，缓解企业融资难问题。首先，政府要不断完善担保模式，通过建立相关的制度体系和资质标准

对符合融资条件的企业给予政府担保，鼓励企业进行融资，拓宽企业的融资渠道；其次，要加快打造高新技术企业信用信息共享平台，打破政府、企业、金融机构之间的信息孤岛和信息壁垒，增强不同企业、不同部门之间的互动交流，完善企业征信以及企业发展潜力的评价指标体系，争取客观公正地给予企业融资；最后，要不断完善金融机构的风险管理体系，运用大数据、人工智能等技术挖掘高新技术企业可能存在的风险，形成风险信息预警机制，对企业的融资资格进行合理的监管与审核。

第二，完善高新技术企业融资平台，提升高新技术企业创新投资的产出水平。高新技术企业是技术创新活动的主要驱动者和领导者，在国内外复杂的市场环境下，高新技术企业要保持定力，不断增强创新成果的产出能力以应对各种风险挑战。同时，高新技术企业要以市场需求为导向，以政府政策为发展指引，灵活调整企业的经营管理战略，优化各种资源要素的配置，切实地将政府对企业的支持转化为创新产品的产出、应用与推广，提升企业、行业乃至整个国家的创新水平。具体做法如下：建立高科技行业与当地政府部门、行业协会之间的良性互动关系，及时洞察国家政治、经济环境的变化，产业的调整方向，产品及服务法律法规的制定和变化等动态，做好资源的配置和决策。

第三，建立产学研高新技术产业创新合作模式。首先，基于信息传递理论，政府的相关政策支持可以向外界提供企业实际质量的积极信号，减轻外部投资者与高新技术企业双方的信息不对称。因此，高新技术企业可以与风险投资公司、创投等融资渠道进行合作，增强企业外部创新资源的获取能力，缓解企业创新资金的不足，弥补创新资源的缺口。其次，高科技行业可以通过与国内外的科研院所和高校等建立"产、学、研"合作模式，并与供应商进行协同研发的紧密合作等方式，实施高新技术产业的开放式创新策略；最后，高科技行业协会可以与当地金融机构密切合作，树立良好的企业信用，推进产融结合，提高企业的融资效率，拓宽企业的融资渠道，使企业能够在资金充足的情况下，不断提升资源整合与互补的能力，实现市场业绩的稳定增长等。

三、从高新技术企业层面推动自身绩效的提高

高新技术企业作为知识和技术密集的企业，凭借着潜力大的发展前景、高创新性与高成长性等特点正在逐渐替代传统产业成为国民经济的主体，尤其是在我国这样全球最大的新兴资本市场中，高新技术企业更是肩负着改革先锋的重任。然而，企业的产品如何在国内外市场中保持一定的独特性和竞争力，如何在国内外市场站稳脚跟以及不断扩大销售份额，这是高新技术企业应当思考的问题。基于此，本书认为在众多政策对高新技术企业发展提供支持的背景下，高新技术企业要加强产品研发能力，加快技术创新成果的转化，以期在资本市场中占据更为有利的竞争优势，在高质量发展过程中提高企业绩效。

第一，高新技术企业要提高政府补贴的使用效率，充分发挥政府补贴的纾困功能。首先，明确领取政府补贴的选择标准和选择机制，

根据实际情况不断调整和完善企业的经营能力、发展能力及实际需求等；其次，合理分配政府补贴的使用途径，提高政府补贴对提升企业绩效的灵活性，将事前补贴和事后补贴相结合，从而确保政府补贴资金在企业项目上的合理使用，提升政府补贴促进企业绩效的效率；最后，加强政府补贴使用的事中事后考核机制，对政府补贴项目的进展情况和绩效进行有计划的考核，根据考核结果确定企业各部门的补贴程度。

第二，充分发挥技术创新的引领作用，加强创新成果转化能力。首先，在政府补贴、税收优惠、政府采购和金融支持政策的支持下，高新技术企业要注重自身技术创新的特点，凭借企业的独特优势和现有资源，做好创新产品的研发、生产、销售等工作；其次，加强企业要素投入的合理配置，通过制定和实施创新激励措施，引导更多资源进入企业创新领域，提高企业的整体创新能力；最后，充分结合自身发展实际，制定企业技术创新战略，落实保障措施，采用各项政府政策激励和调动研发人员进行技术创新的积极性，增强企业创新活力，切实把技术创新转化为企业绩效。

第四节　对后续研究的建议

随着经济全球化进程的不断加快，对高新技术企业政府支持度与企业绩效之间关系的研究逐渐受到国内外专家学者的关注。本书主要对高新技术企业在获得政府补贴和税收优惠等相关政策支持过程中是否会引起企业绩效变动进行理论分析和实证研究，为高新技术企业了解政策导向、技术创新对企业绩效的影响提供理论支持。分析在各种政策的支持下，高新技术企业应如何加强技术创新能力以及如何对企业创新资源进行合理的配置，以提高企业的市场竞争力和生命力，助力高新技术企业绩效的提升。但是，本书在写作过程中，由于受到一些主客观因素的影响，相关理论阐述和实证分析没能做到面面俱到，还有很多方面需要在未来的研究中进一步拓展和深入。本书认为，在以下几个方面还有待深入研究和探讨。

一、指标设计方面

由于相关变量大多不能用现有的数据进行衡量，模型指标选取具有一定的局限性。但是，样本仅覆盖沪深上市A股所有的高新技术企业，后续的研究可以尽可能地扩大样本的调查规模，增加样本容量。另外，指标体系是根据国内外已有文献选取的成熟指标体系进行设计，无法包括与变量相关的全部内容，在有些变量指标多元性上还需要重新丰富指标体系，并开展进一步调查。此外，在之后的研究过程中对于不能查询的数据，可以通过发放和回收调查问卷，结合主观数据和客观数据进行实证研究，以提高样本数据的质量。

二、理论分析方面

由于所接触的资源相对有限，文献的收集分析相对还不够全面，对相关变量概念的解释、各个变量间关系的论述和相关变量维度的划分还有待进一步深入。因此，在后续研究中，可以加大利用自身周边资源的力度，进一步丰富相关的理论知识和文献综述，更加注重变量间关系的论述，不断丰富和完善相关变量维度划分的指标体系。

三、变量选取方面

本书政府支持主要指的是政府补贴、税收优惠、政府采购、金融支持政策，并未考虑其他形式的政府支持，可能还包括知识产权保护、法规、人才支持政策等，未来研究可以考虑其他形式的政策深入研究。此外，在研究政府支持度对企业绩效影响的过程中，可以选取不同的中介变量，从不同的角度研究高新技术企业政府补贴对其绩效影响的内在机制，为高新技术企业提供更多角度的建议，以提升企业绩效。因此，在后续研究中，可以考虑引入或者使用其他相关变量，使构建的模型更加完善，得出的结论更加全面和更具有说服力。

当然，在经济全球化的趋势下高新技术企业提升企业绩效的课题还有更多、更广的领域需要研究。

参考文献

[1] 巴曙松,孔颜,吴博.我国社会保障财政支出地区差异性的聚类分析[J].华南理工大学学报:社会科学版,2013,15(5):1-9.

[2] 白俊红,李婧.政府R&D资助与企业技术创新——基于效率视角的实证分析[J].金融研究,2011(6):181-193.

[3] 白旭云,王砚羽,苏欣.研发补贴还是税收激励——政府干预对企业创新绩效和创新质量的影响[J].科研管理,2019,40(6):9-18.

[4] 班博,张红娅.跨国公司FDI的经营绩效研究与指标体系设计[J].中国外资,2008(11):70-74.

[5] 贝淑华,王圆,沈杰.金融支持对林业技术创新的影响研究——基于2011—2019年31个省份空间杜宾模型的实证研究[J].林业经济,2022,44(3):66-77.

[6] 曹霞,张路蓬.金融支持对技术创新的直接影响及空间溢出效应——基于中国2003—2013年省际空间面板杜宾模型[J].管理评论,2017,29(7):36-45.

[7] 曹阳,易其其.政府补助对企业研发投入与绩效的影响——基于生物医药制造业的实证研究[J].科技管理研究,2018,38(1):40-46.

[8] 曹勇,赵莉,张阳,等.高新技术企业专利管理与技术创新绩效关联的实证研究[J].管理世界,2012(6):182-183.

[9] 常广庶,朱利利.国有及国有控股高技术制造业技术创新效率评价[J].

财会月刊，2020（20）：70-77.

[10] 车德欣，吴传清，任晓怡，等. 财政科技支出如何影响企业技术创新？——异质性特征、宏微观机制与政府激励结构破解[J]. 中国软科学，2020（3）：171-182.

[11] 陈红，纳超洪，雨田木子，等. 内部控制与研发补贴绩效研究[J]. 管理世界，2018，34（12）：149-164.

[12] 陈红，张玉，刘东霞. 政府补助、税收优惠与企业创新绩效——不同生命周期阶段的实证研究[J]. 南开管理评论，2019，22（3）：187-200.

[13] 陈劲，徐大可，伍蓓. 技术、制度与生产率关系研究——基于中国各省区发展的实证分析[J]. 科学学研究，2007，232-240.

[14] 陈立勇，刘梅，曾德明，等. 协作研发网络成员间重复合作对二元式创新的影响——技术能力与环境动态性的调节作用[J]. 科技管理研究，2016，36（17）：5-11.

[15] 陈玲，杨文辉. 政府研发补贴会促进企业创新吗？——来自中国上市公司的实证研究[J]. 科学学研究，2016，34（3）：433-442.

[16] 陈萍，贾志永，龚小欢. 基于投入产出指数的高技术产业技术创新能力实证研究[J]. 科学学研究，2008，26（S2）：501-505+495.

[17] 陈收，张红浩，黎传国，等. 资源效率对企业绩效的影响：基于环境动态性调节分析[J]. 管理评论，2013，25（12）：87-97.

[18] 陈收，邹增明，刘端. 技术创新能力生命周期与研发投入对企业绩效的影响[J]. 科技进步与对策，2015，32（12）：72-78.

[19] 陈晓红，马鸿烈. 中小企业技术创新对成长性影响——科技型企业不同于非科技型企业？[J]. 科学学研究，2012，30（11）：1749-1760.

[20] 陈元荧. 跨国并购绩效理论综述[J]. 首都经济贸易大学学报，2004（5）：15-19.

[21] 陈昭，刘映曼. 政府补贴、企业创新与制造业企业高质量发展[J]. 改革，2019（8）：140-151.

[22] 储德银，杨姗，宋根苗. 财政补贴、税收优惠与战略性新兴产业创新投入

[J]. 财贸研究, 2016, 27 (5): 83-89.

[23] 戴浩, 柳剑平. 政府补助对科技中小型企业成长的影响机理——技术创新投入的中介作用与市场环境的调节作用[J]. 科技进步与对策, 2018, 35 (23): 137-145.

[24] 戴一鑫, 李杏, 冉征. 研发补贴不平等与企业创新效率[J]. 财贸研究, 2019, 30 (7): 63-78.

[25] 邓超, 张恩道, 樊步青, 等. 政府补贴、股权结构与中小创新型企业经营绩效研究——基于企业异质性特征的实证检验[J]. 中国软科学, 2019 (7): 184-192.

[26] 董鹏刚, 史耀波. 市场需求要素驱动的创新溢出效应研究[J]. 科技进步与对策, 2019, 36 (9): 19-25.

[27] 豆士婷. 科技政策组合对企业创新绩效的影响研究[D]. 中央财经大学博士学位论文, 2021.

[28] 杜俊义, 熊胜绪, 王霞. 中小企业动态能力对创新绩效的影响——基于环境动态性的调节效应[J]. 科技管理研究, 2017 (1): 25-31.

[29] 杜千卉, 张玉臣. 政府支持对工业企业技术获取策略的差异性影响——基于不同类型创新激励政策的比较研究[J]. 中国科技论坛, 2020 (5): 15-23.

[30] 樊琦, 韩民春. 政府R&D补贴对国家及区域自主创新产出影响绩效研究——基于中国28个省域面板数据的实证分析[J]. 管理工程学报, 2011, 25 (3): 183-188.

[31] 范定祥, 来中山. 企业财务绩效对政府补助与研发投资关系的调节效应——基于华东地区高新技术企业的实证分析[J]. 华东经济管理, 2019, 33 (11): 39-46.

[32] 范黎波, 马聪聪, 马晓婕. 多元化、政府补贴与农业企业绩效——基于A股农业上市企业的实证研究[J]. 农业经济问题, 2012, 33 (11): 83-90+112.

[33] 冯发贵, 李隋. 产业政策实施过程中财政补贴与税收优惠的作用与效果[J]. 税务研究, 2017 (5): 51-58.

[34] 冯泽,陈凯华,戴小勇. 研发费用加计扣除是否提升了企业创新能力?——创新链全视角[J]. 科研管理, 2019, 40(10): 73-86.

[35] 傅家骥. 技术创新学[M]. 北京: 清华大学出版社, 1998.

[36] 傅利平,李小静. 政府补贴在企业创新过程的信号传递效应分析——基于战略性新兴产业上市公司面板数据[J]. 系统工程, 2014, 32(11): 50-58.

[37] 傅利平,李永辉. 政府补贴、创新能力与企业存续时间[J]. 科学学研究, 2015, 33(10): 1495-1503.

[38] 高霞,贺至晗,张福元. 政府补贴、环境规制如何提升区域绿色技术创新水平?——基于组态视角的联动效应研究[J]. 研究与发展管理, 2022(3): 162-172.

[39] 高玉强,张宇. 政府补贴对企业绩效的门槛效应研究——来自制造业民营上市公司的微观证据[J]. 重庆社会科学, 2019(12): 89-102.

[40] 辜良杰. 我国光伏产业财政政策的创新驱动性研究[J]. 经济研究导刊, 2019(14): 58-61+63.

[41] 郭晓丹,何文韬,肖兴志. 战略性新兴产业的政府补贴、额外行为与研发活动变动[J]. 宏观经济研究, 2011(11): 63-69+111.

[42] 海本禄,杨君笑,尹西明,等. 外源融资如何影响企业技术创新——基于融资约束和技术密集度视角[J]. 中国软科学, 2021(3): 183-192.

[43] 韩超. 战略性新兴产业政策依赖性探析——来自地方政府补贴视角的实证检验[J]. 经济理论与经济管理, 2014(11): 57-71.

[44] 韩凤芹,陈亚平. 选择性税收激励、迎合式研发投入与研发绩效[J]. 科学学研究, 2020, 38(9): 1621-1629.

[45] 韩仁月,马海涛. 税收优惠方式与企业研发投入——基于双重差分模型的实证检验[J]. 中央财经大学学报, 2019(3): 3-10.

[46] 郝潇. 浅谈企业财务管理的目标与资本结构优化[J]. 商, 2014(5): 124.

[47] 何邓娇,孙亚平,吕静宜. 减税降费对企业技术创新的激励效应研究

[J]．财政科学，2021（12）：117-131.

[48] 何建洪．创新型企业的形成路径：基于技术能力和创新战略作用的实证分析[J]．中国软科学，2012（4）：143-152.

[49] 何平．我国高技术产业技术创新能力评价研究[D]．哈尔滨工程大学博士学位论文，2018.

[50] 何卫红，陈燕．高管激励、技术创新与企业绩效——以创业板高新技术企业为例[J]．财会通讯，2015（30）：60-64.

[51] 何正霞，曹长帅，王建明．政策激励对新能源汽车技术创新的影响研究[J]．科学决策，2022（5）：71-85.

[52] 胡浩志，黄雪．寻租、政府补贴与民营企业绩效[J]．财经问题研究，2016（9）：107-112.

[53] 胡凯，蔡红英，吴清．中国的政府采购促进了技术创新吗？[J]．财经研究，2013，39（9）：134-144.

[54] 胡兰丽．政府创新补贴对企业创新投入的影响研究[D]．中南财经政法大学博士学位论文，2021.

[55] 胡畔，于渤．跨界搜索、能力重构与企业创新绩效——战略柔性的调节作用[J]．研究与发展管理，2017（4）：138-147.

[56] 胡艳．农业上市公司政府补助绩效研究[D]．中南财经政法大学博士学位论文，2019.

[57] 胡志勇，汤文慧．企业环保投入、政府补助与经营绩效——基于农业上市公司实证研究[J]．天津商业大学学报，2021，41（1）：9-14.

[58] 黄灿．政治关联能改善民营企业的经营绩效吗？——基于全国民营企业抽样数据的再研究[J]．财经问题研究，2013（12）：102-109.

[59] 黄菲菲．政府补贴对科创企业绩效影响[D]．浙江财经大学硕士学位论文，2021.

[60] 黄惠丹，吴松彬．R&D税收激励效应评估：挤出还是挤入？[J]．中央财经大学学报，2019（4）：16-26+128.

[61] 黄世政，周家贤，曾海亮．政府补贴对企业创新能力和创新绩效的影

响——基于创新治理能力的视角[J].华东经济管理,2022,36(5):57-65.

[62] 黄玮.政府补贴对新创企业绩效的影响机制研究:组织合法性和创业导向的作用[D].浙江工商大学博士学位论文,2018.

[63] 黄文娣,李远.政府补贴对企业研发投入异质性门槛效应研究——基于广东数据验证[J].科技管理研究,2022,42(7):36-44.

[64] 黄琰,朱文浠.政府补贴、税收优惠与民营高技术上市企业创新绩效——基于企业生命周期理论视角[J].科技创业月刊,2021,34(1):1-6.

[65] 黄攸立,陈如琳.企业创新绩效影响因素的研究综述[J].北京邮电大学学报:社会科学版,2010,12(4):71-77.

[66] 江积海,沈艳.制造服务化中价值主张创新会影响企业绩效吗?——基于创业板上市公司的实证研究[J].科学学研究,2016,34(7):1103-1110.

[67] 江静.公共政策对企业创新支持的绩效——基于直接补贴与税收优惠的比较分析[J].科研管理,2011,32(4):1-8+50.

[68] 姜铸,李宁.服务创新、制造业服务化对企业绩效的影响[J].科研管理,2015,36(5):29-37.

[69] 孔东民,刘莎莎,王亚男.市场竞争、产权与政府补贴[J].经济研究,2013(2):55-67.

[70] 匡小平,肖建华.我国自主创新能力培育的税收优惠政策整合——高新技术企业税收优惠分析[J].当代财经,2008(1),23-27.

[71] 黎文靖,郑曼妮.实质性创新还是策略性创新?——宏观产业政策对微观企业创新的影响[J].经济研究,2016,51(4):60-73.

[72] 李凤梅,柳卸林,高雨辰,等.产业政策对我国光伏企业创新与经济绩效的影响[J].科学学与科学技术管理,2017,38(11):47-60.

[73] 李健,卫平.金融在区域创新能力提升中的作用——基于中国省级面板数据的分析[J].城市问题,2016(7):55-63.

[74] 李培楠,赵兰香,万劲波.创新要素对产业创新绩效的影响——基于中国

制造业和高技术产业数据的实证分析［J］．科学学研究，2014，32（4）：604-612．

［75］ 李瑞前．环境规制能否促进技术创新？——基于文献统计视角［J］．干旱区资源与环境，2020，34（7）：54-61．

［76］ 李婉红，刘芳，谷月．产业政策、政府补贴与装备制造业结构转型——基于东北地区的DID模型检验［J］．南京财经大学学报，2020（6）：35-45．

［77］ 李维安，李浩波，李慧聪．创新激励还是税盾？——高新技术企业税收优惠研究［J］．科研管理，2016，37（11）：61-70．

［78］ 李稳稳．基于制度环境与内部控制研究社会责任对财务绩效的影响［J］．广西质量监督导报，2019（10）：172．

［79］ 李笑，华桂宏．OFDI速度与企业绩效——对中国高科技上市公司的考察［J］．山西财经大学学报，2020，42（10）：95-110．

［80］ 李昕．税收优惠政策对企业技术创新的影响效应研究［D］．武汉大学博士学位论文，2017．

［81］ 梁宇，邓颖翔，马文聪．政府补贴、税收优惠及其政策组合对科技企业孵化器绩效的影响——基于不同生命周期的实证研究［J］．科技管理研究，2023（2）：41-47．

［82］ 刘放，杨筝，杨曦．制度环境、税收激励与企业创新投入［J］．管理评论，2016（2）：61-73．

［83］ 刘凤朝，马荣康，孙玉涛．基于专利技术共现网络的纳米技术演化路径研究［J］．科学学研究，2012，30（10）：1500-1508．

［84］ 刘继兵，王定超，夏玲．政府补助对战略性新兴产业创新效率影响研究［J］．科技进步与对策，2014，31（23）：56-61．

［85］ 刘满芝，杜明伟，刘贤贤．政府补贴与新能源企业绩效：异质性与时滞性视角．科研管理，2022，43（3）：17-26．

［86］ 刘婷婷．产业政策与企业绩效的关系研究［D］．华东师范大学博士学位论文，2019．

［87］ 刘学元，丁雯婧，赵先德．企业创新网络中关系强度、吸收能力与创新绩

效的关系研究［J］．南开管理评论，2016，19（1）：30-42.

［88］刘玉洪．R&D补贴对企业技术创新影响的有效性和条件性分析［J］．经济论坛，2020（7）：5-19.

［89］刘玉焕，井润田．企业社会责任能提高财务绩效吗？——文献综述与理论框架［J］．外国经济与管理，2014，36（12）：72-80.

［90］刘云，马志云，张孟亚，等．研发投入对企业绩效的影响研究——基于中关村高新技术企业的实证分析［J］．中国科技论坛，2020（12）：67-75+85.

［91］柳光强．税收优惠、财政补贴政策的激励效应分析——基于信息不对称理论视角的实证研究［J］．管理世界，2016（10）：62-71.

［92］柳卸林．技术创新经济学的发展［J］．数量经济技术经济研究，1993（4）：67-76.

［93］娄贺统，徐恬静．税收激励对企业技术创新的影响机理研究［J］．研究与发展管理，2008，20（6）：88-94.

［94］陆国庆，王舟，张春宇．中国战略性新兴产业政府创新补贴的绩效研究［J］．经济研究，2014，49（7）：44-55.

［95］陆国庆．战略性新兴产业创新的绩效研究——基于中小板上市公司的实证分析［J］．南京大学学报：哲学·人文科学·社会科学版，2011，48（4）：72-80+159.

［96］马承君，王建国，杨颖梅，等．政府采购政策对高新企业创新活动影响的效应分析［J］．中国科技论坛，2018（7）：26-36.

［97］马海涛，贺佳．企业所得税优惠对高新技术企业创新能力提升效应研究［J］．财贸研究，2022，33（3）：65-78.

［98］马悦．完善我国科技创新税收优惠政策的对策研究［J］．经济纵横，2015（12）：87-90.

［99］马悦．政府补助、公司绩效与管理者自利——来自中国上市公司的经验证据［J］．中南财经政法大学学报，2019（1）：47-56.

［100］毛其淋，许家云．政府补贴对企业新产品创新的影响——基于补贴强度

"适度区间"的视角［J］．中国工业经济，2015（6）：94-107．

［101］ 毛毅翀，吴福象．创新补贴、研发投入与技术突破：机制与路径［J］．经济与管理研究，2022，43（4）：26-45．

［102］ 梅建明，王琴．我国科技创新基金绩效评价研究——以中部D市W区为例［J］．中南财经政法大学学报，2012（3）：68-73．

［103］ 孟令鹏，韩传峰，柳丕辉．企业环境责任与企业财务绩效跨期互动的实证研究［J］．同济大学学报：社会科学版，2023，34（2）：107-117．

［104］ 倪慧强．差异制度环境下金融支持路径与民营企业发展研究［J］．长治学院学报，2020（4），41-45．

［105］ 聂新伟，徐齐利．光伏发电产业补贴政策为什么进退难以自如？——基于政府与市场主体的博弈分析［J］．金融理论探索，2019（6）：8-18．

［106］ 牛霄鹏，谢富纪，贾友．政府补贴与企业创新绩效之间的动态关系研究——基于面板向量自回归模型的估计［J］．上海管理科学，2018，40（6）：98-104．

［107］ 彭灿，奚雷，张学伟．高度动态与竞争环境下突破性创新对企业持续竞争优势的影响研究［J］．科技管理研究，2018（24）：10-17．

［108］ 彭频，何熙途．政府补贴与新能源汽车产业发展——基于系统动力学的演化博弈分析［J］．运筹与管理，2021，30（10）：31-38．

［109］ 齐兴达，李显君，刘丝雨，等．基于数据包络分析和主成分分析的产业技术创新能力差异化研究［J］．吉林大学学报：工学版，2015，45（3）：1017-1023．

［110］ 郄海拓，耿喆，张志娟．高新技术企业的资本结构与经营绩效关系——基于不同研发强度的视角［J］．科技管理研究，2020（16）：123-132．

［111］ 丘东，王维才，谢宗晓．R&D投入对地区创新绩效的影响——企业R&D投入的中介效应［J］．科技进步与对策，2016，33（8）：41-48．

［112］ 邱风，盛志鹏，殷功利．融资约束下政府补贴对创新绩效影响研究——来自中国上市公司2010—2019专利数据的经验证据［J］．江南大学学报：人文社会科学版，2021（5）：72-87．

[113] 权家红, 叶百川. 政府补助对企业绩效的影响: 文献综述[J]. 财会学习, 2019 (36): 220-221.

[114] 任曙明, 吕镯. 融资约束、政府补贴与全要素生产率——来自中国装备制造企业的实证研究[J]. 管理世界, 2014 (11): 10-23+187.

[115] 任曙明, 张静. 补贴、寻租成本与加成率——基于中国装备制造企业的实证研究[J]. 管理世界, 2013 (10): 118-129.

[116] 尚洪涛, 黄晓硕. 政府补贴、研发投入与创新绩效的动态交互效应[J]. 科学学研究, 2018, 36 (3): 446-455+501.

[117] 邵敏, 包群. 政府补贴与企业生产率——基于我国工业企业的经验分析[J]. 中国工业经济, 2012 (7): 70-82.

[118] 石绍宾, 周根根, 秦丽华. 税收优惠对我国企业研发投入和产出的激励效应[J]. 税务研究, 2017 (3): 43-47.

[119] 宋鹏. 我国政府研发补贴与企业创新绩效及研发能力关联性研究[J]. 软科学, 2019, 33 (5): 65-70.

[120] 宋砚秋, 齐永欣, 高婷, 等. 政府创新补贴、企业创新活力与创新绩效[J]. 经济学家, 2021 (6): 111-120.

[121] 苏婧, 李思瑞, 杨震宁. "歧路亡羊": 政府采购、股票投资者关注与高技术企业创新——基于A股软件企业的实证研究[J]. 科学学与科学技术管理, 2017, 38 (5): 37-48.

[122] 孙启新, 李建清, 程郁. 科技企业孵化器税收优惠政策对在孵企业技术创新的影响[J]. 科技进步与对策, 2020 (4): 129-136.

[123] 谭智斌, 周勇. 我国电子通信制造业技术创新能力评价分析[J]. 现代管理科学, 2006 (8): 33-34.

[124] 唐东会. 政府采购促进自主创新的机理探析[J]. 现代管理科学, 2008 (2): 41-43.

[125] 唐红祥, 李银昌. 税收优惠与企业绩效: 营商环境和企业性质的调节效应[J]. 税务研究, 2020 (12): 115-121.

[126] 唐清泉, 罗党论. 政府补贴动机及其效果的实证研究——来自中国上市

公司的经验证据［J］.金融研究，2007（6）：149-163.

［127］田彬彬，王俊杰，邢思敏.税收竞争、企业税负与企业绩效——来自断点回归的证据［J］.华中科技大学学报：社会科学版，2017（5）：127-137.

［128］田笑丰，肖安娜.政府补助对财务困境上市公司获利能力的影响［J］.财会月刊，2012（35）：22-24.

［129］佟爱琴，陈蔚.政府补贴对企业研发投入影响的实证研究——基于中小板民营上市公司政治联系的新视角［J］.科学学研究，2016，34（7）：1044-1053.

［130］涂智苹.金融支持新型城镇化建设的实证研究——基于政府和市场视角［J］.惠州学院学报，2018（1）：53-58.

［131］王海花，熊丽君，李玉.众创空间创业环境对新创企业绩效的影响［J］.科学学研究，2020（4）：673-684.

［132］王红建，李青原，邢斐.金融危机、政府补贴与盈余操纵——来自中国上市公司的经验证据［J］.管理世界，2014（7）：157-167.

［133］王宏伟，朱雪婷，李平.政府补贴对光伏产业创新的影响［J］.经济管理，2022，44（2）：57-72.

［134］王火根，包浩华，王可奕.政府补贴资金对林业上市公司经营效率影响研究——基于三阶段DEA模型［J］.林业经济，2020，42（1）：81-90.

［135］王克敏，杨国超，刘静，等.IPO资源争夺、政府补助与公司业绩研究［J］.管理世界，2015（9）：147-157.

［136］王楠，张立艳，李思晗.研发投入、市场结构对高技术企业绩效的影响［J］.中国科技论坛，2017（7）：72-79.

［137］王遂昆，郝继伟.政府补贴、税收与企业研发创新绩效关系研究——基于深圳中小板上市企业的经验证据［J］.科技进步与对策，2014，31（9）：92-96.

［138］王羲，张强，侯稼晓.研发投入、政府补助对企业创新绩效的影响研究［J］.统计与信息论坛，2022，37（2）：108-116.

[139] 王小鲁，樊纲，刘鹏. 中国经济增长方式转换和增长可持续性 [J]. 经济研究，2009，44（1）：4-16.

[140] 王新红，聂亚倩. 政府补助、研发投入与企业绩效 [J]. 财会通讯，2019（3）：63-67+76.

[141] 王旭，褚旭. 基于企业规模门槛效应的外部融资对绿色创新影响研究 [J]. 系统工程理论与实践，2019，39（8）：2027-2037.

[142] 王燕青. 基于核心能力分析多元化战略失败的原因及对策 [J]. 中国管理信息化，2014，17（1）：104-105.

[143] 王一卉. 政府补贴、研发投入与企业创新绩效——基于所有制、企业经验与地区差异的研究 [J]. 经济问题探索，2013（7）：138-143.

[144] 卫舒羽，肖鹏. 税收优惠、财政补贴与企业研发投入——基于沪深A股上市公司的实证分析 [J]. 税务研究，2021（5）：40-46.

[145] 魏泽龙，张琳倩，魏泽盛，等. 商业模式设计与企业绩效：战略柔性的调节作用 [J]. 管理评论，2019，31（11）：171-182.

[146] 吴柏海，曾以禹. 林业补贴政策比较研究——基于部分发达国家林业补贴政策工具的比较分析 [J]. 农业经济问题，2013，34（7）：95-102.

[147] 吴贵生，李纪珍，孙议政. 技术创新网络和技术外包 [J]. 科研管理，2000（4）：33-43.

[148] 吴剑峰，杨震宁. 政府补贴、两权分离与企业技术创新 [J]. 科研管理，2014，35（12）：54-61.

[149] 吴文武. 跨国公司与经济发展——兼论中国的跨国公司战略 [J]. 经济研究，2003（6）：38-44+94.

[150] 吴永忠. 论技术创新的不确定性 [J]. 自然辩证法研究，2002（6）：37-39+48.

[151] 吴友军. 对我国IT产业技术创新能力的探讨 [J]. 中国软科学，2003（4）：105-111.

[152] 向刚，熊觅，李兴宽，等. 创新型企业持续创新绩效评价研究 [J]. 科技进步与对策，2011，28（8）：119-123.

[153] 肖静,曾萍,任鸽.数字化转型、吸收能力与制造企业双重绩效——地区数字化水平的调节作用[J].研究与发展管理,2023,35(2):129-143.

[154] 肖鹏,刘兰风,魏峰,等.区域高技术产业技术创新能力的比较研究[J].统计与决策,2016(9):114-116.

[155] 肖挺."服务化"能否为中国制造业带来绩效红利[J].财贸经济,2018,39(3):138-153.

[156] 肖兴志,姜晓婧.战略性新兴产业政府创新基金投向:传统转型企业还是新生企业[J].中国工业经济,2013(1):128-140.

[157] 肖兴志,王伊攀.战略性新兴产业政府补贴是否用在了"刀刃"上?——基于254家上市公司的数据[J].经济管理,2014(4):19-31.

[158] 肖兴志,王伊攀.政府补贴与企业社会资本投资决策——来自战略性新兴产业的经验证据[J].中国工业经济,2014(9):148-160.

[159] 谢军.第一大股东持股和公司价值:激励效应和防御效应[J].南开管理评论,2007(1):21-25.

[160] 解学梅,戴智华,刘丝雨.高新技术企业科技研发投入与新产品创新绩效——基于面板数据的比较研究[J].工业工程与管理,2013,18(3):92-96.

[161] 辛冲,石春生.战略导向型组织创新与技术创新的关联模型研究[J].中国软科学,2008(8),139-145.

[162] 邢斐,周泰云.研发补贴、知识产权保护与企业创新[J].中国科技论坛,2020(9):114-124.

[163] 熊立,赵建彬,谢奉军.二元文化机制推动转型升级研究——二元技术创新的中介作用[J].科技进步与对策,2017(10):9-14.

[164] 熊胜绪,李婷.组织柔性对企业创新绩效的影响[J].中南财经政法大学学报,2019(2),138-146.

[165] 徐斌.技术吸收、技术改造与国内外技术获取——基于高技术产业静态与动态面板数据[J].科技进步与对策,2019,36(22):60-66.

[166] 徐玲,黄瑞华,赵伟.陕西省高新技术产业技术创新能力的分析[J].西安工程科技学院学报,2007(4):513-517+540.

[167] 徐宁,徐鹏,吴创.技术创新动态能力建构及其价值创造效应——来自中小上市公司的经验证据[J].科技创新导报,2014(30):13-16.

[168] 徐维祥,黄明均,李露,等.财政补贴、企业研发对企业创新绩效的影响[J].华东经济管理,2018,32(8):129-134.

[169] 许伯桐.以质取胜——企业技术创新与经营绩效[J].运筹与管理,2018(11):193-199.

[170] 闫华红,廉英麒,田德录.政府补助与税收优惠哪个更能促进企业创新绩效[J].中国科技论坛,2019(9):40-48.

[171] 闫俊周,齐念念,童超.政府补贴与金融支持如何影响创新效率?——来自中国战略性新兴产业上市公司的经验证据[J].软科学,2020,34(12):41-46.

[172] 颜晓畅.政府研发补贴对创新绩效的影响:创新能力视角[J].现代财经:天津财经大学学报,2019,39(1):59-71.

[173] 燕洪国,潘翠英.税收优惠、创新要素投入与企业全要素生产率[J].经济与管理评论,2022,38(2):85-97.

[174] 杨畅,李寒娜.不完全契约、制度环境与企业绩效——基于上市公司的实证研究[J].山西财经大学学报,2014,36(9):104-112.

[175] 杨超,黄群慧,贺俊.中低技术产业集聚外部性、创新与企业绩效[J].科研管理,2020,41(8):142-147.

[176] 杨惠贤,张炜晗.能源企业技术创新能力对财务绩效的影响——基于企业规模的门槛效应研究[J].技术经济,2020,39(8):1-9+34.

[177] 杨林,陈传明.多元化发展战略与企业绩效关系研究综述[J].外国经济与管理,2005(7):34-43.

[178] 杨文珂,马钱挺,何建敏,等.基于绿色创新补助政策的银企系统性风险研究[J].科研管理,2021,42(10):156-165.

[179] 杨秀云,尹诗晨.政府支持、要素市场化水平与资源配置效率——基

于中国文化创意企业的研究[J]. 兰州大学学报：社会科学版，2022，50（3）：23-37.

[180] 杨洋，魏江，罗来军. 谁在利用政府补贴进行创新？——所有制和要素市场扭曲的联合调节效应[J]. 管理世界，2015（1）：75-86+98+188.

[181] 杨玉桢，杨铭. 两阶段高技术产业创新效率及其影响因素研究——基于随机前沿模型的实证分析[J]. 管理现代化，2019，39（5）：37-41.

[182] 杨芷，李亚杰. 辽宁高技术产业技术创新财政政策研究[J]. 地方财政研究，2021（7）：68-76.

[183] 杨忠，张骁. 企业国际化程度与绩效关系研究[J]. 经济研究，2009，44（2）：32-42+67.

[184] 姚维保，张翼飞. 研发税收优惠必然提升企业绩效吗？——基于上市医药企业面板数据的实证研究[J]. 税务研究，2020（7）：95-101.

[185] 于潇宇，庄芹芹. 政府补贴对中国高技术企业创新的影响——以信息技术产业上市公司为例[J]. 技术经济，2019，38（4）：15-22.

[186] 余明桂，回雅甫，潘红波. 政治联系、寻租与地方政府财政补贴有效性[J]. 经济研究，2010，45（3）：65-77.

[187] 袁航，朱承亮. 政府研发补贴对中国产业结构转型升级的影响：推手还是拖累？[J]. 财经研究，2020，46（09）：63-77.

[188] 约瑟夫·熊彼得. 经济发展理论[M]. 何果，易家洋，译. 北京：商务印书馆，1990.

[189] 岳金桂，于叶. 技术创新动态能力与技术商业化绩效关系研究——环境动态性的调节作用[J]. 科技进步与对策，2019（10）：91-98.

[190] 岳宇君，张磊雷，姬敏. 政府补贴、技术创新与创业板公司高质量发展[J]. 哈尔滨商业大学学报：社会科学版，2022（2）：3-14.

[191] 张翅. 政府补贴的技术创新激励效应——来自农业上市公司的证据[J]. 农业技术经济，2020（1）：92-101.

[192] 张恩众，崔琳琳，王楚. 政府补助、技术创新与企业绩效——基于A股上市公司的经验证据[J]. 山东财经大学学报，2020，32（5）：87-98.

[193] 张凤海，侯铁珊，欧珊，等. 技术创新与中小企业生命力关系实证研究 [J]. 科技进步与对策, 2013, 30 (3): 78-81.

[194] 张辽，黄蕾琼. 技术多元化、创新开放度与企业绩效——来自我国制造业上市公司的证据 [J]. 科技进步与对策, 2020, 37 (5): 104-113.

[195] 张娜，杜俊涛. 财税政策对高新技术企业创新效率的影响——基于交互作用的视角 [J]. 税务研究, 2019 (12): 47-53.

[196] 张群，李锦星，朱治安. 企业成熟度、CSR 和研发投入与财务绩效的关系研究 [J]. 西安工业大学学报, 2017, 37 (3): 221-227.

[197] 张完定，崔承杰，王珍. 基于治理机制调节效应的技术创新与企业绩效关系研究——来自上市高新技术企业的经验数据 [J]. 统计与信息论坛, 2021, 36 (3): 107-118.

[198] 张翔. 关于企业经营绩效综合评价体系的研究 [J]. 人民论坛, 2012 (35): 86-87.

[199] 张兴龙，沈坤荣，李萌. 政府 R&D 补助方式如何影响企业 R&D 投入？——来自 A 股医药制造业上市公司的证据 [J]. 产业经济研究, 2014 (5): 53-62.

[200] 张洋. 政府补贴提高了中国制造业企业出口产品质量吗 [J]. 国际贸易问题, 2017 (4): 27-37.

[201] 章元，程郁，余国满. 政府补贴能否促进高新技术企业的自主创新？——来自中关村的证据 [J]. 金融研究, 2018 (10): 123-140.

[202] 赵婧，吴珍珠，谢朝华. 金融支持促进高技术产业技术创新成效的区域性差异研究 [J]. 财经理论与实践, 2019, 40 (1): 39-43.

[203] 赵文，李月娇，赵会会. 政府研发补贴有助于企业创新效率提升吗？——基于模糊集定性比较分析（fsQCA）的研究 [J]. 研究与发展管理, 2020, 32 (2): 37-47.

[204] 赵中华，鞠晓峰. 技术溢出、政府补贴对军工企业技术创新活动的影响研究——基于我国上市军工企业的实证分析 [J]. 中国软科学, 2013 (10): 124-133.

[205] 甄德云，沈坤荣. 税收优惠与创业绩效关系的实证研究——来自互联网创业企业的证据［J］. 税务研究，2020（5）：123-129.

[206] 郑春美，李佩. 政府补助与税收优惠对企业创新绩效的影响——基于创业板高新技术企业的实证研究. 科技进步与对策，2015，32（16）：83-87.

[207] 周阿立. 新《企业所得税法》与新无形资产准则对上市公司研发投入的影响［J］. 税务研究，2010（8）：19-21.

[208] 周春应，张红燕. 政府补助对林业上市公司绩效的影响——基于股权结构的中介效应［J］. 林业经济，2019，41（10）：53-61.

[209] 周海涛，张振刚. 政府科技经费对企业创新决策行为的引导效应研究——基于广东高新技术企业微观面板数据［J］. 中国软科学，2016（6）：110-120.

[210] 周靖宇. 政府补助对医药制造业上市企业绩效的影响——基于研发投入的中介效应［J］. 江苏商论，2020（2）：107-111.

[211] 周晓新. 民营企业人力资源管理存在的问题及对策研究［J］. 财经界，2015（36）：396.

[212] 周燕，潘遥. 财政补贴与税收减免——交易费用视角下的新能源汽车产业政策分析［J］. 管理世界，2019，35（10）：133-149.

[213] 朱录. 政府补贴政策与上市公司技术创新激励［D］. 中南财经政法大学博士学位论文，2020.

[214] 朱乃平，朱丽，孔玉生，等. 技术创新投入、社会责任承担对财务绩效的协同影响研究［J］. 会计研究，2014（2）：57-63+95.

[215] 朱云杰，曹思依，孟晓非. 政府补贴对我国上市文化创意企业的创新绩效影响研究［J］. 同济大学学报：社会科学版，2021，32（5）：47-54.

[216] 邹国庆，倪昌红. 新兴经济体的制度质量与企业绩效：企业控制权的调节作用［J］. 吉林大学社会科学学报，2012，52（1）：126-133.

[217] 邹淑仪. 税收优惠、技术创新与企业价值关系的实证研究［J］. 商讯，2019（18）：31-33.

[218] 曾凡龙，倪静，王钰华. 基于熵权-VIKOR及AGA-BP模型的企业绩

效评价研究——以我国上市物流企业为例［J］. 上海理工大学学报，2022，44（1）：94-102.

［219］ 曾婧婧，龚启慧，王庆. 中国高新技术企业认定政策绩效评估——基于双重差分模型的实证分析［J］. 科技进步与对策，2019，36（9）：118-125.

［220］ 翟淑萍，毕晓方. 环境不确定性、管理层自信与企业双元创新投资［J］. 中南财经政法大学学报，2016（5）：91-100.

［221］ Acquaah M, Yasai-Ardekani M. Does the implementation of a combination competitive strategy yield incremental performance benefits?［J］. A new perspective from a transition economy in Sub-Saharan Africa. Journal of Business Research, 2008, 61(4): 346-354.

［222］ Alecke B, Reinkowski J, Mitze T, et al. Does firm size make a difference? Analysing the effectiveness of R&D subsidies in East Germany［J］. German Economic Review, 2012, 13(2): 174-195.

［223］ Al-Fatih S. Economic Analysis Relationship in Determining The Size of Parliamentary Threshold in Indonesia［J］. Indonesian Journal of Law and Policy Studies, 2020, 1(2): 152-158.

［224］ Almus M, Czarnitzki D. The effects of public R&D subsidies on firms' innovation activities: the case of Eastern Germany［J］. Journal of Business & Economic Statistics, 2003, 21(2): 226-236.

［225］ Amezcua A S, Grimes M G, Bradley S W, et al. Organizational sponsorship and founding environments: A contingency view on the survival of business-incubated firms, 1994—2007［J］. Academy of Management Journal, 2013, 56(6): 1628-1654.

［226］ Arrow K J. Classificatory notes on the production and transmission of technological knowledge［J］. The American Economic Review, 1969, 59(2): 29-35.

［227］ Aschhoff B, Sofka W. Innovation on demand—Can public procurement drive market success of innovations? [J]. Research Policy, 2009, 38(8): 1235-1247.

[228] Atanassov J, Liu X. Can corporate income tax cuts stimulate innovation? [J]. Journal of Financial and Quantitative Analysis, 2020, 55(5): 1415-1465.

[229] Barney J B. Strategic factor markets: Expectations, luck, and business strategy [J]. Management Science, 1986, 32(10): 1231-1241.

[230] Barney J. Firm resources and sustained competitive advantage [J]. Journal of Management, 1991, 17(1): 99-120.

[231] Barth M E, Konchitchki Y, Landsman W R. Cost of capital and earnings transparency [J]. Journal of Accounting and Economics, 2013, 55(2-3): 206-224.

[232] Beason R, Weinstein D E. Growth, economies of scale, and targeting in Japan (1955—1990) [R]. The review of Economics and Statistics, 1996.

[233] Bergek A, Berggren C, KITE Research Group. The impact of environmental policy instruments on innovation: A review of energy and automotive industry studies [J]. Ecological Economics, 2014 (106): 112-123.

[234] Bertrand O, Betschinger M A, Moschieri C. Are firms with foreign CEOs better citizens? A study of the impact of CEO foreignness on corporate social performance [J]. Journal of International Business Studies, 2021, 52(3): 525-543.

[235] Bérubé C, Mohnen P. Are firms that receive R&D subsidies more innovative? [J]. Canadian Journal of Economics, 2009, 42(1): 206-225.

[236] Bloom N, Griffith R, Van Reenen J. Do R&D tax credits work? Evidence from a panel of countries 1979-1997 [J]. Journal of Public Economics, 2002, 85(1): 1-31.

[237] Brautzsch H U, Günther J, Loose B, et al. Can R&D subsidies counteract the economic crisis?-Macroeconomic effects in Germany [J]. Research Policy, 2015, 44(3): 623-633.

[238] Bronzini R, Piselli P. The impact of R&D subsidies on firm innovation [J]. Research Policy, 2016, 45(2): 442-457.

[239] Brouthers K D. Institutional, cultural and transaction cost influences on entry mode choice and performance [J]. Journal of International Business Studies, 2002, 33(2): 203-221.

[240] Brown P, Bocken N, Balkenende R. How do companies collaborate for circular oriented innovation? [J]. Sustainability, 2020, 12(4): 1648.

[241] Camisón C, Villar-López A. Organizational innovation as an enabler of technological innovation capabilities and firm performance [J]. Journal of Business Research, 2014, 67(1): 2891-2902.

[242] Carrasco-Monteagudo I, Buendía-Martínez I. Corporate social responsibility: a crossroad between changing values, innovation and internationalisation [J]. European Journal of International Management, 2013, 7(3): 295-314.

[243] Cejudo G M, Michel C L. Addressing fragmented government action: Coordination, coherence, and integration [J]. Policy Sciences, 2017, 50(4): 745-767.

[244] Cerqua A, Pellegrini G. Do subsidies to private capital boost firms' growth? A multiple regression discontinuity design approach [J]. Journal of Public Economics, 2014 (109): 114-126.

[245] Chan C M, Isobe T, Makino S. Which country matters? Institutional development and foreign affiliate performance [J]. Strategic Management Journal, 2008, 29(11): 1179-1205.

[246] Chen J, Cumming D, Hou W, et al. Does the external monitoring effect of financial analysts deter corporate fraud in China? [J]. Journal of Business Ethics, 2016, 134(4): 727-742.

[247] Christensen J F. Asset profiles for technological innovation [J]. Research Policy, 1995, 24(5): 727-745.

[248] Christiansen J F. Building the innovative organization: Management systems

that encourage innovation [R]. Springer, 2000.

[249] Colombo M G, Croce A, Guerini M. The effect of public subsidies on firms' investment-cash flow sensitivity: Transient or persistent? [J]. Research Policy, 2013, 42(9): 1605-1623.

[250] Colombo M G, Giannangeli S, Grilli L. Public subsidies and the employment growth of high-tech start-ups: assessing the impact of selective and automatic support schemes [J]. Industrial and Corporate Change, 2013, 22(5): 1273-1314.

[251] Connelly B L, Certo S T, Ireland R D, et al. Signaling theory: A review and assessment [J]. Journal of Management, 2011, 37(1): 39-67.

[252] Costantini V, Crespi F, Martini C, et al. Demand-pull and technology-push public support for eco-innovation: The case of the biofuels sector [J]. Research Policy, 2015, 44(3): 577-595.

[253] Cruz-Cázares C, Bayona-Sáez C, García-Marco T. You can't manage right what you can't measure well: Technological innovation efficiency [J]. Research Policy, 2013, 42(6-7): 1239-1250.

[254] Czarnitzki D, Ebersberger B. Do direct R&D subsidies lead to the monopolization of R&D in the economy? [R]. ZEW-Centre for European Economic Research Discussion Paper, 2010.

[255] Czarnitzki D, Hussinger K. Input and output additionality of R&D subsidies [J]. Applied Economics, 2018, 50(12): 1324-1341.

[256] Czarnitzki D, Hanel P, Rosa J M. Evaluating the impact of R&D tax credits on innovation: A microeconometric study on Canadian firms [J]. Research Policy, 2011, 40(2): 217-229.

[257] Czarnitzki D, Ebersberger B, Fier A. The relationship between R&D collaboration, subsidies and R&D performance: Empirical evidence from Finland and Germany [J]. Journal of Applied Econometrics, 2007, 22(7): 1347-1366.

[258] Damanpour F, Schneider M. Characteristics of innovation and innovation

adoption in public organizations: Assessing the role of managers [J], Journal of Public Administration Research and Theory, 2009, 19(3): 495-522.

[259] David P A, Hall B H, Toole A A. Is public R&D a complement or substitute for private R&D? A review of the econometric evidence [J]. Research Policy, 2000, 29(4-5): 497-529.

[260] Dess G G, Davis P S. Porter's (1980) generic strategies as determinants of strategic group membership and organizational performance [J]. Academy of Management journal, 1984, 27(3): 467-488.

[261] Dimos C, Pugh G. The effectiveness of R&D subsidies: A meta-regression analysis of the evaluation literature [J]. Research Policy, 2016, 45(4): 797-815.

[262] Drucker H, Schapire R, Simard P. Boosting performance in neural networks [J]. Advances in Pattern Recognition Systems using Neural Network Technologies, 1993 (7): 61-75.

[263] Edler J, Fagerberg J. Innovation policy: what, why, and how [J]. Oxford Review of Economic Policy, 2017, 33(1): 2-23.

[264] Enos J L. Invention and Innovation in the Petroleum Refining Industry [M]. Prunceton: Princeton University Press, 1962.

[265] Faccio M, Masulis R W, McConnell J J. Political connections and corporate bailouts [J]. The Journal of Finance, 2006, 61(6): 2597-2635.

[266] Feldman M P, Kelley M R. The exante assessment of knowledge spillovers: Government R&D policy, economic incentives and private firm behavior [J]. Research Policy, 2006, 35(10): 1509-1521.

[267] Felin T, Hesterly W S. The knowledge-based view, nested heterogeneity, and new value creation: Philosophical considerations on the locus of knowledge [J]. Academy of Management Review, 2007, 32(1): 195-218.

[268] Ford J D, Schellenberg D A. Conceptual issues of linkage in the assessment of organizational performance [J]. Academy of management review, 1982,

7(1): 49-58.

[269] Fornahl D, Broekel T, Boschma R. What drives patent performance of German biotech firms? The impact of R&D subsidies, knowledge networks and their location [J]. Papers in Regional Science, 2011, 90(2): 395-418.

[270] Geringer J M, Hebert L. Control and performance of international joint ventures [J]. Journal of International Business Studies, 1989, 20(2): 235-254.

[271] Gong H, Wang X Y. Measure and evaluation of efficiency of regional technicalinnovation jiangsu provinee [J]. Journal of China University of Mining&Technology, 2004 (6): 26-32.

[272] González X & Pazó C. Do public subsidies stimulate private R&D spending? [J]. Research Policy, 2008, 37(3): 371-389.

[273] Grant R M. The resource-based theory of competitive advantage: implications for strategy formulation [J]. California Management Review, 1991, 33(3): 114-135.

[274] Griffiths W, Webster E. What governs firm-level R&D: Internal or external factors? [J]. Technovation, 2010, 30(7-8): 471-481.

[275] Guan J C, Pang L. Industry specific effects on innovation performance inChina [J]. China Economic Review, 2017 (44): 125-137.

[276] Guan J C, Mok C K, Yam R C M, et al. Technology transfer and innovation performance: Evidence from Chinese firms [J]. Technological Forecasting and Social Change, 2006, 73(6): 666-678.

[277] Guo D, Guo Y, Jiang K. Government-subsidized R&D and firm innovation: Evidence from China [J]. Research Policy, 2016, 45(6): 1129-1144.

[278] Hausman J A, Hall B H, Griliches Z. Econometric models for count data with an application to the patents-R&D relationship [R]. NBER Technical working PaPer, 1984.

[279] Homburg C, Hoyer W D, Fassnacht M. Service orientation of a retailer's business strategy: Dimensions, antecedents, and performance outcomes

[J]. Journal of Marketing, 2002, 66(4): 86-101.

[280] Hu A G Z, Jefferson G H, Jinchang Q. R&D and technology transfer: firm-level evidence from Chinese industry [J]. Review of Economics and Statistics, 2005, 87(4): 780-786.

[281] Hu Y, Mcnamara P, Mcloughlin D. Outbound open innovation in bio-pharmaceutical out-licensing [J]. Technovation, 2015, (35): 46-58.

[282] Jaffe A B, Le T. The impact of R&D subsidy on innovation: A study of New Zealand firms [R]. NBER Working Paper, 2015.

[283] Jaffe A B, Trajtenberg M. Patents, Citations, and Innovations: A Window on the Knowledge Economy [M]. Cambridge: MIT press, 2002.

[284] Kaplan R S, Norton D P. Transforming the balanced scorecard from performance measurement to strategic management: Part 1 [J]. Accounting Horizons, 2001, 15(1): 87-104.

[285] Kaplan S N, Strömberg P. Financial contracting theory meets the real world: An empirical analysis of venture capital contracts [J]. The review of economic studies, 2003, 70(2): 281-315.

[286] Khanna G L, Manna I. Supplementary effect of carbohydrate-electrolyte drink on sports performance, lactate removal & cardiovascular response of athletes [J]. Indian Journal of Medical Research, 2005, 121(5): 665.

[287] King R G, Levine R. Finance, entrepreneurship and growth [J]. Journal of Monetary Economics, 1993, 32(3): 513-542.

[288] Lee Y, Sung T. Fiscal policy, business cycles and economic stabilisation: Evidence from industrialised and developing countries [J]. Fiscal Studies, 2007, 28(4): 437-462.

[289] Lu J W, Beamish P W. The internationalization and performance of SMEs [J]. Strategic management journal, 2001, 22(6-7): 565-586.

[290] Mansfield E, Switzer L. The effects of R&D tax credits and allowances in Canada [J]. Research Policy, 1985, 14(2): 97-107.

[291] Mansfield E. Patents and innovation: an empirical study [J]. Management Science, 1986, 32(2): 173-181.

[292] Mao Q, Xu J. The more subsidies, the longer survival? Evidence from Chinese manufacturing firms [J]. Review of Development Economics, 2018, 22(2): 685-705.

[293] Meyer M H, Utterback J M. The product family and the dynamics of core capability [J]. Sloan Mangement Rewiew, 1993 (34): 29-47.

[294] Meyer R D, Dalal R S, Bonaccio S. A meta-analytic investigation into the moderating effects of situational strength on the conscientiousness-performance relationship [J]. Journal of Organizational Behavior, 2009, 30(8): 1077-1102.

[295] Musgrave R A. Income Taxation and International Mobility [M]. Cambridge: MIT press, 1989.

[296] Nelson C R, Plosser C R. Trends and random walks in macroeconmic time series: some evidence and implications [J]. Journal of Monetary Economics, 1982, 10(2): 139-162.

[297] Penrose Edith. The Theory of the Growth of the Firm [M]. New York: John Wiley, 1995.

[298] Penrose, Edith Tilton, Christos Pitelis. The Growth of the Firm: the Legacy of Edith Penrose [M]. Oxford: Oxford University Press on Demand, 2002.

[299] Pfeffer J, Salancik G R. A Resource Dependence Perspective [M]. Cambridge: Cambridge University Press, 1978.

[300] Pigou A C. The classical stationary state [J]. The Economic Journal, 1943, 53(212): 343-351.

[301] Raiteri E. A time to nourish? Evaluating the impact of public procurement on technological generality through patent data [J]. Research Policy, 2018, 47(5): 936-952.

[302] Reichardt K, Rogge K. How the policy mix impacts innovation: Findings from

company case studies on offshore wind in Germany [J]. Environmental Innovation and Societal Transitions, 2016 (18): 62-81.

[303] Reverte C, Gomez-Melero E, Cegarra-Navarro J G. The influence of corporate social responsibility practices on organizational performance: evidence from Eco-Responsible Spanish firms [J]. Journal of Cleaner Production, 2016 (112): 2870-2884.

[304] Roberts M J, Vuong V A. Empirical modeling of R&D demand in a dynamic framework [J]. Applied Economic Perspectives and Policy, 2013, 35(2): 185-205.

[305] Robinson T, Pearce J A. Planned patterns of strategic behavior and their relationship to business-unit performance [J]. Strategic Management Journal, 1988, 9(1): 43-60.

[306] Robinson T. Hunger discipline and social parasites: The political economy of the living wage [J]. Urban Affairs Review, 2004, 40(2): 246-268.

[307] Rodrigues R, Samagaio A, Felício T. Corporate governance and R&D investment by European listed companies [J]. Journal of Business Research, 2020 (115): 289-295.

[308] Rogers M. The definition and measurement of innovation [R]. Parkville, VIC: Melbourne Institute of Applied Economic and Social Research, 1998.

[309] Rogers P L. Designing Instruction for Technology-enhanced Learning [M]. Hershey: IGI Global, 2003.

[310] Savrul M, Incekara A. The effect of R&D intensity on innovation performance: A country level evaluation [J]. Procedia-Social and Behavioral Sciences, 2015 (210): 388-396.

[311] Schendel D E, Hofer C W. Strategic Management [M]. Boston: MA: Little Brown, 1979.

[312] Semple A. Reform of EU Public Procurement Law: Intergovernmental or Supranational Policy-making? [R]. Available at SSRN 3377984, 2018.

[313] Sierzchula W, Bakker S, Maat K, et al. The influence of financial incentives

and other socio-economic factors on electric vehicle adoption [J]. Energy Policy, 2014 (68): 183-194.

[314] Soderblom A, Samuelsson M, Wiklund J, et al. Inside the black box of outcome additionality: Effects of early-stage government subsidies on resource accumulation and new venture performance [J]. Research Policy, 2015, 44(8): 1501-1512.

[315] Spence M. Signaling in retrospect and the informational structure of markets [J]. American economic review, 2002, 92(3): 434-459.

[316] Steers R M. Effects of need for achievement on the job performance-job attitude relationship [J]. Journal of Applied Psychology, 1975, 60(6): 678.

[317] Sumrit D, Anuntavoranich P. Using DEMATEL method to analyze the causal relations on technological innovation capability evaluation factors in Thai technology-based firms [J]. International Transaction Journal of Engineering, Management & Applied Sciences & Technologies, 2013, 4(2): 81-103.

[318] Takalo T, Tanayama T. Adverse selection and financing of innovation: is there a need for R&D subsidies? [J]. The Journal of Technology Transfer, 2010, 35(1): 16-41.

[319] Tamara D, Manurung A H, Dezie L W, et al. The determinants of financial innovation [J]. International Journal of Scientific and Technology Research, 2019 (8): 1004-09.

[320] Teoh S H, Welch I, Wong T J. Earnings management and the long-run market performance of initial public offerings [J]. The Journal of Finance, 1998, 53(6): 1935-1974.

[321] Tether B S, Hipp C. Knowledge intensive, technical and other services: patterns of competitiveness and innovation compared [J]. Technology Analysis & Strategic Managemen, 2002, 14(2): 163-182.

[322] Thomson R, Jensen P. The effects of government subsidies on business R&D employment: Evidence from OECD countries [J]. National Tax Journal,

2013, 66(2): 281-309.

[323] Tian B, Yu B, Chen S, et al. Tax incentive, R&D investment and firm innovation: evidence from China [J]. Journal of Asian Economics, 2020 (71): 101245.

[324] Tundis E, Gabriele R, Zaninotto E. Investigating the effectiveness of public subsidies to hotels: Evidence from an Alpine region [J]. Tourism management perspectives, 2017 (23): 8-18.

[325] Tykvova T. Venture capital in Germany and its impact on innovation [R]. Social Science Research Network Working Paper, 2000.

[326] Van Hemert P, Nijkamp P, Masurel E. From innovation to commercialization through networks and agglomerations: analysis of sources of innovation, innovation capabilities and performance of Dutch SMEs [J]. The Annals of Regional Science, 2013, 50(2): 425-452.

[327] Vernon J R. Separation of ownership and control and profit rates, the evidence from banking: Comment [J]. Journal of Financial and Quantitative Analysis, 1971, 6(1): 615-625.

[328] Wallsten S. The effects of government-industry R&D programs on private R&D: The case of the Small Business Innovation Research program. RAND Journal of Economics, 2000, 31 (1): 82-100.

[329] Wallsten S. The future of digital communications research and policy [J]. Fed. Comm. LJ, 2010 (63): 33.

[330] Wang C, Kafouros M I. What factors determine innovation performance inemerging economies?evidence from China [J]. International Business Review, 2009, 18(6): 606-616.

[331] Warusawitharana M. Corporate asset purchases and sales: Theory and evidence [J]. Journal of Financial Economics, 2008, 87(2): 471-497.

[332] Wernerfelt B. A resource-based view of the firm [J]. Strategic Management Journal, 1984, 5(2): 171-180.